KB196088

더 라스트 컴퍼니

# 더 라스트 컴퍼니

**초판 1쇄 발행** 2024년 11월 22일

**지은이** 정혜진

**펴낸이** 조기흠
**총괄** 이수동 / **책임편집** 박의성 / **기획편집** 최진, 유지윤, 이지은
**마케팅** 박태규, 임은희, 김예인, 김선영 / **제작** 박성우, 김정우
**디자인** 필요한 디자인

**펴낸곳** 한빛비즈(주) / **주소** 서울시 서대문구 연희로2길 62 4층
**전화** 02-325-5506 / **팩스** 02-326-1566
**등록** 2008년 1월 14일 제25100-2017-000062호

**ISBN** 979-11-5784-776-1 13320

이 책에 대한 의견이나 오탈자 및 잘못된 내용은 출판사 홈페이지나 아래 이메일로 알려주십시오.
파본은 구매처에서 교환하실 수 있습니다. 책값은 뒤표지에 표시되어 있습니다.

⌂ hanbitbiz.com ✉ hanbitbiz@hanbit.co.kr ▪ facebook.com/hanbitbiz
Ⓝ post.naver.com/hanbit_biz ▶ youtube.com/한빛비즈 ◎ instagram.com/hanbitbiz

Published by Hanbit Biz, Inc. Printed in Korea
Copyright © 2024 정혜진 & Hanbit Biz, Inc.
이 책의 저작권과 출판권은 정혜진과 한빛비즈(주)에 있습니다.
저작권법에 의해 보호를 받는 저작물이므로 무단 복제 및 무단 전재를 금합니다.

**지금 하지 않으면 할 수 없는 일이 있습니다.**
**책으로 펴내고 싶은 아이디어나 원고를 메일(hanbitbiz@hanbit.co.kr)로 보내주세요.**
**한빛비즈는 여러분의 소중한 경험과 지식을 기다리고 있습니다.**

THE
LAST
COMPANY
NVIDIA
NVIDIA
NVIDIA

# 더 라스트 컴퍼니

실리콘밸리 천재들의
꿈을 완성하는 마지막 회사
엔비디아의 성공 원칙

정혜진 지음

HB 한빛비즈
Hanbit Biz, Inc.

# 지구상에서 가장 작은 대기업 '엔비디아'를 만나다

2021년 말, 회사의 첫 실리콘밸리 특파원으로 활동을 시작했을 때였다. 빅테크에 마땅한 취재 채널이 없어 이리저리 문을 두드리며 취재가 성사될 때까지 부딪히고 또 부딪히던 날의 연속이었다. 그야말로 될 때까지 되게 한다는 실리콘밸리의 허슬Hustle 정신을 온몸으로 체득해 나가고 있었다.

이때 자발적으로 정보원이 돼준 사람들 중에는 현지 빅테크와 스타트업에 다니는 실리콘밸리 사람들이 많았다. 실리콘밸리 생태계의 변화를 이끄는 크고 작은 정보의 흐름은 이들 개개인으로부터 시작됐다. 실리콘밸리 사람들은 카페 옆 테이블에서 말을 섞거나, 마트의 계산대 줄에서도 놀이터에도 공원에도 있었다. 심지어 나란히 자동차 유리창이 깨지는 피해를 입고 도난 신고를 하다가 인연을 맺은 이웃도 구글러였다. 시간이 점차 흐르면서 공기를 마시듯, 실리콘밸리의 흐름이 들어왔다. 이를테면 애플의 '세계개발자회의WWDC'가 쓰인 텀블러를 들고 있으면, "이번에 제가 시스템 온 칩SoC M2 개발에 참여했는데, 이번 발표 어땠어요?" 하는 식이었다. 그렇게 자연스럽게 이들의 세계에 잠시 어우러지곤 했다.

흥미로운 점은 '꿈의 회사'로 불리는 애플, 구글 등과 같은 기업의 사원증을 허리춤에 달고도(실리콘밸리에서는 목에 거는 사원증과 달리, 클립 형태로 허리 벨트라인에 꽂는 경우가 많다), 이들 역시 K직장인처럼 항상 사표를 품고 회사를 다닌다는 것이다. 크게 다른 점이 있다면, 이들에게 소속된 기업의 높은 시가총액과 강력한 명성은 화려한 포장지 그 이상도 이하도 아니었다. 끊임없이 포장지의 속을 보면서 자신이 성장하고 있는지를 점검하는 것을 중요하게 여겼다. 실리콘밸리에서는 커리어 경력 개발을 일생의 과업으로 삼는 만큼 수차례의 이직 끝 행선지는 자신을 꾸준히 성장시켜줄 곳이었다. 아무리 보상이 크고 회사 이름값이 좋더라도 업무에서의 성장 기회가 적다면, 스타트업이라도 역량을 펼칠 만한 다른 곳으로 타협점을 찾는 식이었다.

실리콘밸리에 대한 현실감 있는 시선과 관점이 자리하기 시작할 때쯤, 귓가에 새로운 이야기들이 꽂히기 시작했다.

"저는 이 기업을 마지막 회사로 삼고 싶어요."

"이 회사에서 은퇴하고 싶어요."

2022년의 어느 목요일, 이제 막 문을 연 엔비디아의 신사옥 보이저의 '마운틴'으로 불리는 곳에 초대받아 '해피아워'를 즐기던 와중이었다. 고개를 들어 보니, 커리어의 끝이 한참은 남은 젊은 엔지니어들이었다. 챗GPT가 촉발한 생성형 인공지능 붐이 전 세계를 휩쓸기 이전이었다. 그해 엔비디아는 미국의 커리어 플랫폼 글래스도어 Glassdoor가 선정하는 '전 세계 일하기 좋은 기업'에서 1위를 차지했다. 그때까지만 해도 엔비디아에 관해 알고 있는 것은 거의 없었다. 오랫동안 GPU(그래픽처리장치) 업계에서 일인자 자리를 지켜왔다는 것과 젠슨 황 엔비디아 창업자의 온화한 인상이 그의 은발 머리카락과 잘 어울린다는 것 정도였다. 한 가지 덧붙인다면, 어둠 속에 밝게 빛나는 엔비디아 사옥의 유리 온실 속 초록 식물들이 직원들에게 '집으로 돌아왔구나' 하고 안도감을 느끼게 하는 일종의 등대 역할을 해준다는 것이었다. 그렇기에 오랫동안 조직 문화에 관심을 갖고 IT 기업들을 취재하던 입장에서 이 회사는 뭔가 다르다는 촉이 왔다.

그리고 이 같은 엔지니어 한 사람 한 사람이 느끼던 '실리콘밸리 이상향'에 대한 변화는 뒤이어 거대한 흐름으로도 나타났다. 2022년 하반기부터 시작된 경기 침체가 한계치에 다다랐을 때, 빅테크들은 과감히 칼을 뽑아 들었다. 메타를 시작으로 '신의 직장'으로 꼽히던 구글까지 정리해고 바람이 몰아쳤다. 이때 갑작스러운 해고로 비자 문제가 해결되지 않은 사람들의 경우 짐을 싸서 모국으로 돌아갔다. 이 모습을 지켜본 동료들은 '실리콘밸리의 최소한의 안전선'이 사라졌다는 것을 느꼈다. 이는 풍요의 시기를 일군 빅테크를 지탱해온 혁신과 도전의 정체성 또한 낡은 것이 됐다는 것을 의미했다. 예를 들어, 오늘날의 구글을 만든 자유로운 실험과 혁신의 상징이었던 기초 연구에 대한 투자와 룬샷 프로젝트(가능성이 낮은 신사업에 투자하는 것) 등과 같은 사업이 모두 비용으로 인식되면서 좌초됐다. 이 과정에서 구글을 비롯한 많은 실리콘밸리 기업들이 '일하고 싶은 회사' 리스트에서 사라졌다.

하지만 챗GPT 출시 이후 지난 2년 동안 '엔비디아'라는 기업은 일부 전문가들만 주목하던 회사에서 모두의 입에 오르내리는 회사가 됐다. 그도 그럴 것이, 2024년 한 해에만 200퍼센트에 달하는 주가 성장률을 기록했다. 사람들 대다수가 엔비디아를 두고 생성형 AI로 많은 기업들이 뛰어들 때, 이 흐름을 잘 타 거대 언어 모델의 학습과 추론에 필요한 AI 칩(AI 가속기)을 독점적으로 공급하면서 하루아침에 성공에 이른 기업이라고 생각한다.

이는 사실과 다르다. 엔비디아는 대기만성형 기업이다. 1993년에 창업해 PC 시대에 등장했지만 성장에 한계가 있었고 수차례의 우여곡절을 겪었다. 그리고 정체됐던 모바일 시대를 지나 생성형 AI 시대를 맞아 진가를 본격적으로 발휘하고 있는 만큼, 처음부터 실리콘밸리 슈퍼스타로 등극했던 애플, 구글, 메타와는 분명히 다르다. 말하자면 엔비디아가 지난 30년 동안 쌓아온 것은 서퍼로서 파도를 잘 타는 능력뿐만 아니라, 좋지 않은 파도 속에

도 버티고 내실을 다지며 새로운 파도를 탐색하는 능력
에 있었다.

"모든 선택은 궁극적으로 '조직 문화'라는 하나의 버
킷을 이루게 됩니다."

젠슨 황 CEO는 창업 10년 차인 2003년 스탠퍼드대
학교 강연에서 조직 문화에 대한 소신을 내비친 바 있다.
그는 조직 문화의 핵심을 창업자가 내린 선택들의 총합
으로 봤다. 그리고 엔비디아의 조직 문화 중심에는 젠슨
황이라는 창업자의 강력한 자기장이 작용하고 있다.

노벨 물리학상을 수상한 제프리 힌턴Geoffrey Hinton 교
수와 함께 'AI 4대 천왕' 중 한 명으로 꼽히는 앤드류 응
Andrew Ng 스탠퍼드대학교 교수는 엔비디아의 GPU를 가
장 먼저 딥러닝 연산에 사용한 연구자들 중 하나로, 오랫
동안 젠슨 황 CEO와 관계를 이어오고 있다. 응 교수는
2024년 7월 방한한 자리에서 저자와 만났을 때 이같이
말했다.

"젠슨 황이 문제를 바라보고 해결하는 방식이 엔비

디아만의 특별한 조직 문화를 형성했습니다. 엔비디아의 독특한 문화는 '젠슨 황'이라는 창업자의 존재가 절대적이었습니다."

응 교수의 말처럼 오늘날의 엔비디아로 우뚝 설 수 있었던 데는 젠슨 황이라는 창업자가 절대적인 역할을 한 것이 사실이다. 하지만 그것만으로는 엔비디아가 이토록 강력한 이유를 설명하지 못한다. 그 이유와 관련해 젠슨 황 스스로 실마리를 내비친 적이 있다. 2024년 스탠퍼드대학교 MBA 학생들을 대상으로 진행한 대담에서였다.

"우리는 지구상에서 가장 작은 대기업입니다."

실제로 엔비디아는 약 3만 명에 불과한 인원으로 인당 200만 달러가 넘는 생산성을 자랑하고, AI 컴퓨팅 인프라 분야에서 대안이 없는 절대 강자가 되었다. 엔비디아는 하나의 아키텍처를 바탕으로, 하나의 팀으로 움직인다. 이를 위해 정보 전달에 방해가 되는 모든 요소를 제거했다. 그 결과 임원부터 인턴까지 모든 직원들이 젠슨 황의 생각과 비전을 머릿속에 주기적으로 '동기화'하며, 저마다 같은 정도의 지식으로 의사결정을 내릴 수 있다. 이를 바탕으로 엔비디아는 매번 새로운 혁신을 만들어내고, 이전에 구축한 '메이드 인 엔비디아'조차 과감히 넘어서고 있다.

이러한 독특한 기업 구조로 인해 젠슨 황의 생각과 고민, 그리고 엔비디아의 오늘에 관해 충실한 이해도를 갖고 있는 것은 다름 아닌 직원 개개인이었다. 회사를 내밀하게 취재해 직원들의 생생한 목소리를 담고, 조직 문화의 정수를 뽑아내야 하는 필자 입장에서는 더할 나위 없는 축복이기도 했다.

이들의 거리낌 없고 솔직한 목소리를 바탕으로 총 6개의 장을 통해 살펴본 엔비디아의 조직 문화는 크게 '인적 요소'와 '시스템적 요소' 두 가지로 나뉜다. 이제 조직도Organizational Chart 없는 엔비디아의 진짜 조직 문화를 담은 엔비디아의 설계도를 찾기 위한 흥미로운 여정으로 독자들을 안내하고자 한다.

# 목차

# 엔비디아의 주요 타임라인

**1993년 4월**
젠슨 황, 크리스 말라초스키Chris Malachowsky, 커티스 프리엠Curtis Priem과 함께 그래픽카드 제조사 설립

**1995년 11월**
첫 제품 그래픽카드 NV1 출시. 1,000장 남짓 판매되는 처참한 실패

**1997년 4월 "우리 회사는 폐업까지 30일 남았다."**
기존의 공정과 렌더링 표준을 완전히 바꿔 RIVA 128 성공적으로 출시 후 재기에 성공

**1999년 1월**
나스닥 입성. 주당 12달러의 가치로 기업공개

**1999년 10월**
세계 최초의 그래픽처리장치GPU 지포스 256 발명

**2006년 11월 "GPU는 모든 컴퓨팅 작업의 중심이 될 것"**
GPU의 범용 연산을 위해 작동하는 소프트웨어 스택 CUDACompute Unified Device Architecture 공개

**2009년 5월**
GPU 결함으로 5개 노트북 제조사 소비자로부터 손해 배상 공동 소송으로 피소. 주가는 1년간 80% 넘게 곤두박질치고 직원 임금까지 삭감하는 위기를 겪다.

**2012년 9월**
제프리 힌턴 토론토대 교수팀이 엔비디아 GPU상에서 개발한 '알렉스넷'으로 ILSVRC에서 이미지 인식률 오답률을 15.3%로 낮추며 연구자 사이에 딥러닝 붐이 일어나다.

**2015년 5월 "클라우드 컴퓨팅 애플리케이션에 높은 성장 기회가 있다."**
모바일 모뎀 칩 사업 철수. 테그라 칩을 비롯한 모바일 시장에서 완전히 빠져나오다.

**2016년 8월**
데이터센터 사업 진출 공식화. 젠슨 황, 최초의 AI 슈퍼컴퓨터 DGX-1 오픈AI
에 배달

**2018년 3월**
튜링 아키텍처 기반 지포스 RTX 20 시리즈 공개. AI 기술을 적용한 실시간 레
이 트레이싱 기술을 도입해 그래픽 업계의 새로운 표준을 설정하다.

**2020년 9월**
세계 최대 반도체 설계 회사 ARM 400억 달러에 인수 도전. 반도체 업계 역사
상 가장 큰 인수합병을 예고했으나 규제 당국의 반대로 무산

**2022년 11월 "생성형 AI 시대의 '아이폰 모먼트'가 시작되다."**
오픈AI, 초거대 언어 모델 GPT-3.5 기반 대화형 인공지능 챗봇 '챗GPT' 공개.
생성형 AI 개발 회사들에 컴퓨팅 인프라 독점적으로 공급

**2023년 5월**
시가총액 1조 달러 돌파

**2024년 6월 "우리는 지구상 가장 작은 대기업이다."**
시총 2조 달러를 넘어선 지(2024년 3월) 3개월 만에 3조 달러 달성. 직원(총 3만
명) 1인당 생산성이 가장 높은 회사로 우뚝 서다. 시총 기준 애플에 이어 2위를
기록하다.

**2024년 10월 "야수Beast 모드로 진입했다."**
블랙웰 디자인 결함을 해결하고 TSMC와의 관계가 여전히 굳건하다는 점을 공
식화

**2024년 11월**
미국의 주요 업종을 대표하는 다우존스30 산업평균지수에 인텔 대신 편입돼
반도체 제국의 패권 이동 공식화

# 왜 엔비디아인가
## _Why NVIDIA
___

1장

미국 캘리포니아주 산타클라라 샌토마스 고속도로 2788
번지. 영화 〈스타트렉〉에 나올 법한 거대한 우주선을 떠올
리게 하는 그 유명한 엔비디아 신사옥이 자리한 곳이다.

압도적인 존재감을 드러내는 새하얀 사옥 내부로 들
어서면, 먼저 제각각의 각도로 이루어진 높은 천장이 눈
길을 사로잡는다. 높이가 일반 건물 5층에 달하고, 지붕
을 채운 패널 중 511개가 삼각형 유리 패널로 되어 있는
데, 이 채광창을 통해 쏟아져 들어오는 빛이 남다른 공간
감을 선사한다. 캘리포니아의 특산품이라고 할 수 있는
햇살을 이보다 더 적절하게 활용할 수 있을까.

해답은 지붕 곳곳에 자리 잡은 삼각형 유리 패널들이
빛의 끌어당김을 최적화하는 역할을 성공적으로 수행한
데 있다. 높은 층고와 풍부한 빛이 연출하는 이색적인 실
내 공간은 회사 건물에 입장했다기보다 새로운 세계로 들
어선 듯한 느낌을 준다. 이 장에서는 엔비디아의 독창적
인 기술과 기업 철학이 담긴 본사 건물을 살펴보며, 지금
의 엔비디아를 있게 한 기업 역량도 다루어보고자 한다.

엔비디아의 새로운 사옥 전경(출처: 엔비디아 홈페이지)

# 모든 것을
# 시뮬레이션하라

다양한 가능성을 염두에 두고 시뮬레이션은 최대한 많이 수행하고, 프로젝트를 실행으로 옮길 때는 '원샷One shot'에 해결한다는 기조를 가진 엔비디아는 사옥 설계 과정에서도 이 방식을 적극 실행했다. 빛이 들어오는 동선에 따라 시시각각 방향과 형태를 바꾸는 그림자까지 섬세하게 구현하는 엔비디아의 '레이 트레이싱Ray Tracing' 그래픽 기술을 디지털 트윈Digital Twin에 적용한 것이다. 디지털 트윈은 컴퓨터 속 가상 공간에 실물을 똑같이 만들어 현실에서 일어날 수 있는 상황을 다양하게 시뮬레이션하여 결과를 예측해보는 것을 말한다.

빛의 경로를 추적하여 실시간으로 초고화질의 그래픽을 구현하는 레이 트레이싱 기술은 엔비디아의 핵심 제품인 GPU의 수준을 비약적으로 끌어올리는 데 결정적으로 기여했다. 그뿐만 아니라 이 기술은 영화, 게임, 미디어 등의 산업에서 GPU의 쓰임을 무한히 확장시켰다.

3D 그래픽에 생생한 사실감을 부여하는 것은 빛의 실시간 움직임에 따른 그림자의 방향과 음영 변화다. 우리의 시각은 무의식중에 빛의 움직임을 감지하고 이를 통해 시야에 펼쳐진 세상을 현실로 받아들인다. 이 같은 원리는 단순히 게임을 할 때뿐만 아니라 가상현실VR·증강현실AR은 물론 자율주행 기술을 위한 데이터 학습에까지 적용되는 필수 요소다. 이것을 가능하게 하는 레이 트레이싱 기술은 빛이 물체에 닿은 후 굴절, 반사, 투과하는 각각의 점들을 하나하나 계산을 통해 추적하여 그림자의 변화하는 양상을 구현해 실제 존재하는 사물을 카메라로 찍은 것처럼 사실적으로 표현하는 방식이다.

레이 트레이싱은 이전에도 이론은 존재했지만 실제로는 쓸 수 없는 기술이었다. 이 작업을 위해 방대한 양의 계산을 하는 데만 하루가 꼬박 걸리는 일이 허다했기 때문이다. 쉽게 구현할 수 있을 것이라 생각할 수 있지만, 시간대에 따라 달라지는 빛의 위치와 방향 외에도 투과하는 물체의 질감, 속성에 따라 그림자의 방향과 음영이 달라진다. 이 때문에 모든 변수를 고려한 복잡한 계산이 필요하다. 분초 단위로 달라지는 빛에 따른 영향을 사실감 있게 구현하려면 실시간 구현이 가장 중요한데, 이전에는 프레임 하나를 렌더링하는 데 몇십 분이 소요됐다. 통상적으로 게임에서는 초당 30~60개의 프레임이 필요하고, 반응 속도가 중요한 게임의 경우는 초당 프레임FPS이 144개 이상이 권장되기도 한다. 따라서 단 몇 초의 영상을 구현하는 데 하루가 걸린다면 애초에 성립할 수 없는 기술이라고 보았다. 컴퓨팅 성능도 따라주지 않았기 때문에 오랫동안 전공자들에게도 레이 트레이싱 기술은 생명력이 없는 기술로 치부됐다.

이러한 레이 트레이싱 기술이 현실화된 것은 2018년 캐나다 밴쿠버에서 열린 연례 컨퍼런스 'SIGGRAPH(이하 '시그라프'로 지칭함) 2018'에서다. 엔비디아는 이 자리에서 딥러닝 기술을 적용해 세계 최초의 레이 트레이싱 GPU인 쿼드로 RTXQuadro RTX 시리즈를 공개했다. 레이 트레이싱 기술이 적용되면서 게임과 애니메이션, 영화의 그래픽 효과가 더 생생하고 사실적으로 변모했을 뿐만 아니라 반응 속도도 실시간으로 빨라졌다. 상품성이 제로에 가까워 지난 40년간 외면받았던 레이 트레이싱 기술이 딥러닝의 발전과 GPU의 성능 향상에 따른 병렬 처리기술로 화려하게 부활한 것이다. 반응은 곧장 나타났다. 애니메이션 명가인 픽사가 제작하는 애니메이션과 글로벌 게임 엔진 개발 업체 유니티테크놀로지스Unity Technologies가 제공하는 게임 엔진을 비롯해 전문가용 그래픽 분야에 이르기까지 두루 쓰였다. 이처럼 쿼드로 RTX는 오늘날 전 세계 수억 명의 사람들이 경험하는 콘텐츠를 생생하게 구현할 수 있게 했다.

# 큰 그림을 향한
# 빌드업

엔비디아의 강점은 부지불식간에 전력을 쌓아가는 '빌드업Build-up' 능력을 갖췄다는 것이다. 보통 첫 단추를 끼울 때는 큰 그림을 상상하기 어렵다. 하지만 엔비디아는 특정 기술을 개발할 때 쓰임에 한계를 두지 않고 폭넓은 활용 방식을 염두에 둔다.

일례로 엔비디아는 레이 트레이싱 기술의 용도를 그래픽카드로만 한정하지 않았다. 시그라프 2018에서 제품을 소개하기 전, 엔비디아의 신사옥인 '보이저Voyager' 설계에 레이 트레이싱 기술을 접목해 디지털 트윈의 기능을 고도화했다. 수차례의 시뮬레이션을 거쳐 채광을 최적화해줄 패널의 개수와 위치를 골라 유리 패널로 바꿔 단 것이 대표적인 예다. 그 결과 공간감을 넓히고 전력을 최소한으로 활용하면서도 빛이 머무는 시간을 길게 해 최적화를 달성할 수 있었다. 건물의 층고나 지붕의 형태, 이에 따른 층마다의 면적 배분 역시 이 디지털 트윈 속에서 수도 없이 다양한 시뮬레이션을 끝냈다. 축구장 10개를 합친 규모인 7만 제곱미터에 달하는 사옥을 2019년 착공 후 약 3년 만에 완공할 수 있었던 것도 디지털 트윈 기술을 이용해 실제와 버금가는 시뮬레이션을 완벽에 가깝게 실행한 방식 덕분이었다. 이는 2022년 같은 해 완공한 구글의 신사옥 '베이뷰 캠퍼스Bay View Campus'가 엔비디아보다 2년 빠른 2017년에 착공했다는 것을 고려하면 놀라운 속도다.[1] 이 과정에서 그래픽카드에 쓰이는 레이 트레이싱 기술도 고도화해 완벽에 가까운 상태로 출시할 수 있었다.

오늘날 엔비디아의 옴니버스 플랫폼 위에서 가동되는 디지털 트윈은 록히드마틴Lockheed Martin을 비롯해 BMW, 에릭슨Ericsson과 같은 다양한 기업에서 가상 복제본을 활용해 고도의 시뮬레이션, 데이터 통합 등을 위해 쓰이며 폭넓게 확장되고 있다. 이러한 사업 역시 어느 날 불쑥 시작한 것이 아니라 내부적으로 필요를 느끼고 이를 고도화하는 시기를 거친 빌드업의 결과물이다. 이 때문에 '메이드 인 엔비디아' 제품과 서비스들은 결정적인 디테일에서 차이를 만들어낸다는 신뢰를 얻고 있다.

흥미로운 점은 이 레이 트레이싱 기술이 엔비디아의 새로운 성장 무기가 된 자율주행 기술 부문의 폭풍 성장에도 큰 역할을 미쳤다는 것이다. 자체 첨단 운전자 보조 시스템인 '오토 파일럿'을 기반으로 실제 테슬라 차량의 주행 데이터를 밀도 있게 보유한 테슬라와는 다르게 엔비디아는 자체 차량 데이터를 갖고 있지 못하다. 그럼에도 엔비디아가 짧은 시간 내에 빠르게 자율주행 기술을 고도화할 수 있었던 것은 레이 트레이싱 기술을 이용해 인공지능AI도 깜빡 속을 정도로 실제 차량 주행 그래픽과 영상을 만들어 차량용 AI를 학습시킨 데 있다. 차량 주행에 따른 그림자의 음영과 방향 이미지를 실시간으로 렌더링해 영상화하면서 수많은 학습 자료를 만들어 AI의 성능을 고도로 향상시켰다는 점에서 엔비디아의 '빌드업' 역량을 재확인할 수 있다.

# 장벽 깨기:
## 제1원리 사고법

엔비디아 사옥 로비 앞에는 초록색 식물들이 어우러진 식물벽이 자리하고 있다. 시야를 편안하게 하는 이 친환경적인 벽 외에도, 바깥에서 보면 거대한 식물원을 떠올리게 할 정도로 다양한 식물들로 실내를 조화롭게 꾸며놓았다. 이는 창업자 젠슨 황이 오리건주립대학교에 다닐 때 경험한 오리건주의 풍부한 삼림 지형을 모티프로 삼은 것이다.

북아메리카의 알프스로 불리는 캐스케이드산맥이 경유하는 오리건주는 후드산Mount Hood을 비롯한 삼림 풍경이 일품으로 꼽힌다. 젠슨 황은 이곳으로부터 1,000킬

로미터가량 남쪽으로 떨어진 산타클라라의 엔비디아 사옥에 자사만의 후드산을 만들었다. 거대한 초록 벽 뒤로 여섯 개의 계단들이 있는데, 이 계단들이 향하는 목적지를 '마운틴Mountains'이라고 이름 지었다. 그리고 이 마운틴을 중심으로 2층과 3층 규모의 둔덕 같은 공간을 만들었다. 이 공간은 주로 직원들이 모여서 식사하거나 회의를 하는 등 서로 교류하는 장소로 활용한다.

매주 목요일 오후, 엔비디아 직원들은 해피아워Happy Hour를 이용해 사내 펍에서 맥주를 가져다 마시며 긴장을 내려놓는 시간을 갖는다. 해피아워 시간에 직원들이 삼삼오오 모여 어울리는 모습은 격식을 벗어난 일종의 '동아리' 같은 모습을 연상시킨다. 우리나라로 치면 이사급으로 통칭되는 부사장Vice Presidents이 일반 직원들과 서로 어울려 자연스럽게 농담을 주고받으며 대화를 나누는데 그 모습이 매우 인상적이었다.

분기마다 젠슨 황이 전체 직원들과 함께하며 2시간가량 소통하는 올핸즈 미팅All Hands Meeting 역시 이 마운틴을 중심으로 열린다. 이곳이 일종의 '아고라(고대 그리스 시대 아테네의 시민들이 모여 자유롭게 회의하던 공간)' 역할을 하는 셈이다. 마운틴으로 연결되는 서로 다른 방향의 계단들은 이름 그대로 산 정상까지 이어지는 다양한 길을 형상화한 것처럼 보인다. 엔비디아의 직원들은 이 계단을 오르며 자연스럽게 동료를 마주하고 인사를 나눈다.

또 다른 신사옥 엔데버Endeavor는 보이저와 커다란 공원을 공유하며 구름다리로 서로 연결되어 있다. 영화 〈스타트렉〉 속 우주선의 이름을 딴 두 건물의 '연결'은 창업자 젠슨 황의 철학이 고스란히 반영된 것이다. "장벽 없이 서로 소통하고 연결될 것." 이러한 철학은 엔비디아가 다른 빅테크 기업들보다 효율적인 규모를 유지하고, 무엇보다 프로젝트를 운영하면서 한계 없이 소통하고 한계 없이 속도를 내는 데 큰 영향을 미쳤다.

엔비디아는 사옥에 담긴 회사의 영혼을 다음과 같이 정의한다.

## "장벽과 한계가 없는 곳"
### No Barriers, No Boundaries

상공에서 사옥의 거대한 지붕을 내려다볼 때도, 사옥 안에서 천장을 올려다볼 때도 한눈에 알 수 있듯이, 엔비디아 본사 건물을 아우르는 디자인의 핵심 모티프는 '삼각형'이다. 이는 3D 그래픽을 만드는 기본 단위인 폴리곤Polygon을 형상화한 것이다. 이 삼각형에는 끊임없는 방향 전환과 한계 돌파라는 엔비디아의 정체성이 깃들어 있다. 엔비디아는 이 삼각형 폴리곤으로 인해 회사 폐업을 목전에 둘 정도로 크게 실패했었고, 결국 재기에 성공했다.

삼각형 폴리곤은 엔비디아가 다시 태어나면서 새긴 DNA에 가깝다. 1993년 비디오게임을 위한 그래픽카드를 출시하겠다는 목표로 엔비디아를 창업한 젠슨 황은 24개월 만에 첫 그래픽카드 'NV1'을 내놓았다. 회사 자체적으로는 NV1은 다른 제품들과 견주어 볼 때 기술력 측면에서 성공적이라고 평가됐다. 3D 그래픽, 영상 프로세싱, IO 포트, 게임 포트 등 다양한 기능을 탑재한 '올인원' 그래픽카드였기 때문이다. 이 같은 기대감으로 당시 25만 장을 제작해 소매상에게 납품까지 했다. 그러나 안타깝게도 24만 9,000장이 되돌아왔다. 처참한 실패였다.
NV1에 대해 젠슨 황은 이렇게 표현했다.

"(NV1은) 대단한 기술적 성과였으나 제품으로는 끔찍했습니다. 아무것도 실행되는 애플리케이션이 없는데 3D 그래픽, 영상 프로세싱, 가속 등 온갖 기능이 들어간 상태였죠."[2]

이때의 경험으로 엔비디아는 모든 용도를 다 갖춘 '스위스 아미 나이프' 같은 제품보다는 실질적으로 쓰일 수 있는 하나의 기능을 고도화하는 것이 더 훌륭한 제품이라는 철학을 갖게 됐다. 이처럼 시장성과 고객의 니즈에 따라 기능을 덜어내는 것도 '메이드 인 엔비디아'만의 미학으로 꼽힌다.

첫 실패에도 불구하고 엔비디아는 1995년에 일본의 게임 회사 세가SEGA와 대규모 파트너십 계약을 성사시켰다. 세가의 게임 콘솔에 들어갈 수 있는 후속작인 NV2를 개발 및 제공하는 대가로 500만 달러를 받는 내용이었다. 엔비디아는 이 계약을 위해 회사의 모든 역량을 쏟아부었다. 하지만 한 가지 문제가 있었다. 모두가 가는 길과 다른 방향으로 가고 있었다는 점이다. 당시 엔비디아가 채택한 기술은 사변형Quadrangle, 즉 사각형 폴리곤을 표준으로 한 포워드 텍스처 매핑Forward texture mapping이었다. 하루가 지나면 새로운 경쟁자들이 생기는 시장에서 엔비디아의 경쟁 업체들은 하나같이 삼각형 폴리곤을 표준으로 삼았고, 기술적으로는 인버스 텍스처 매핑Inverse texture mapping 방식을 택하고 있었다.

엔비디아의 제품을 죽은 제품으로 만드는 데 쐐기를 박은 것은 마이크로소프트였다. 같은 해 마이크로소프트는 지금의 챗GPT 이상의 신드롬을 일으킨 PC용 운영 체제 윈도95에서 게임 프로그래밍을 담당하는 API 도구모음인 다이렉트XDirectX를 통해 삼각형 폴리곤만 지원하겠다고 밝혔다. 그로 인해 엔비디아의 제품은 빠르게 사양길로 접어들게 됐다. 자칫 VHS와의 비디오테이프 표준 전쟁에서 역사 속으로 사라진 베타맥스Betamax 같은 운명이 될 위기였다. 소니에서 1975년에 출시한 홈비디오 시스템인 베타맥스는 상대적으로 높은 화질과 적은 노이즈를 자랑했음에도 불구하고 VHS 규격으로 방송 장비의 표준이 바뀌면서 시장에서 처참히 사라졌다.

구세주와 다름없던 세가와의 계약은 엔비디아의 발목을 낚아챈 족쇄로 변해버렸다. 이 계약을 완수한다면 돈은 벌 테지만 경쟁에서 1년 이상 밀려나고 시장에서 도태될 것이 분명했다. 반면 계약을 파기한다면 당장 버틸 자금이 없는 상황이었다. 이러나저러나 파산 위기였다.

엔비디아는 이 위기를 어떻게 수습했을까. 결론부터 말하자면, 세가와의 계약을 파기했지만, 세가로부터 계약금 500만 달러는 확보한 상태로 6개월의 런웨이(Runway: 스타트업이 보유한 자금으로 운영을 지속할 수 있는 기간) 시간을 벌었다. 그렇게 한숨 돌릴 수 있었지만 고작 6개월일 뿐이었다. 이 기간 동안 다른 제품을 출시해 만회해야 했다. 이전처럼 그래픽카드를 만드는 데 2년에 달하는 시간을 투자할 수도 없었다(세가와의 스토리는 2장에서 자세하게 다룬다).

절체절명의 순간, 젠슨 황은 '제1원리 사고First Principles Thinking'에 집중했다. 제1원리 사고란 일체의 추정을 배제하고, 가장 근본적인 사실이나 물리 법칙에 입각해 실체를 낱낱이 파악하고 전제를 새롭게 세우는 사고방식을 말한다.

**"어떤 일을 어떻게 할 수 있는지 (…)
제1원리로 돌아가
다시 스스로에게 묻습니다.
'주어진 조건, 동기부여, 도구,**

**기술을 비롯해 상황이 어떻게
변했는지까지 감안한다면,
나는 이 일을 어떻게 다시 할 수 있을까?
모든 것을 어떻게 재창조할 수 있을까?'
하고 말입니다."** [3]

이에 젠슨 황은 첫 번째 원칙으로 돌아가서 질문했다.

### '어떤 아키텍처를 선택할 것인가?'

모든 기업이 이미지 렌더링 표준을 '삼각형'으로 삼
은 상태에서 사각형을 표준으로 하는 방식을 고집할 이
유가 없었다. 2년 이상 개발에 매달렸던 기존의 아키텍처
를 버리는 결단을 내리고, 이 상태에서 다시 질문했다.

### '어떻게 6개월 안에 제품을 완성해
### 시장에 내놓을 것인가?'

이 질문에 답하기 위해 젠슨 황은 제품의 개발 공
정 전 과정을 재점검했고, 통상적으로 1년 이상 소요되

는 칩 오류 점검Bring-up 기간을 6개월 이내로 줄였다. 위기에서도 엔비디아의 시뮬레이션 방식은 빛을 발했고, 뛰어난 결과물을 창출했다. 1997년 출시한 그래픽 칩 '리바 128RIVA 128'은 가속기를 추가해 2D와 3D 그래픽을 동시에 처리할 수 있게 돼 성능은 대폭 향상시키고 가성비도 충족시킬 수 있었다. 소비자들은 열광했고, 출시 후 4개월 만에 무려 100만 개를 판매하는 기염을 토했다.

이때부터 삼각형 폴리곤은 엔비디아에 자사의 아키텍처 표준조차 교체할 수 있는 제1원리 사고와 한계 없는 도전 그 자체를 상징하게 됐다.

덧붙이건대, 제1원리 사고로 위기를 돌파하는 또 다른 대표적인 인물은 일론 머스크일 것이다. 그는 여러 매체의 인터뷰에서 자신이 테슬라, 스페이스XSpaceX, 솔라시티SolarCity 등 많은 기업을 동시에 운영할 수 있었던 비결 가운데 하나로 제1원리 사고를 꼽았다. 머스크는 이 사고법을 자신의 '알고리즘The algorithm'이라고 명명하기도 했다. 그에게 변경할 수 없는 유일한 것은 중력 법칙과 같은 물리 법칙에 의해 결정된 것들뿐이다. 나머지 모든 요구 사항은 권장 사항으로 다시 생각해볼 수 있다는 게 그의 제1원리 사고의 출발점이다. 머스크는 이 사고법을 통해 NASA(미국 항공우주국)가 내건 모든 우주 로켓 부품의 규격과 관련된 요구 사항을 원점에서 재검토했다. 그 결과 획기적으로 비용을 낮춘 재사용 로켓 '팰컨 9Falcon 9'을 만들어낼 수 있었다.

# 미션이 보스다

**"우리는 세계에서 가장 작은
대기업입니다."** [4]

엔비디아의 전체 직원 수는 2024년 1월 기준으로
약 2만 9,600명으로 집계됐고, 2024년 9월 현재 3만 명
을 넘어섰다. 전체 시가총액 1위인 애플의 직원 수는 약
14만 1,000명, 시가총액 2위인 마이크로소프트는 약 22만
8,000명의 직원을 두고 있다. 엔비디아는 2024년 9월 기
준으로 전체 시가총액 3위로, 그 규모가 3조 달러에 육박
하는 수준이다. 같은 기간 시가총액 4위인 알파벳의 전체

직원 수가 약 18만 2,000명이고, 시가총액 5위인 아마존의 경우는 약 153만 2,000명에 달하는 것을 고려하면 대단히 적은 숫자다. 시가총액이 엔비디아의 절반에도 미치지 못하는 메타의 경우, 오히려 직원 수는 2배가 넘는 7만여 명에 달한다.

2023년 초 구글과 아마존이 각각 1만 2,000명, 1만 8,000명가량을 정리해고 하면서 본격적인 레이오프lay-off로 인한 공포 분위기가 실리콘밸리에 조성된 바 있다. 당시 이 기업들의 해고 규모가 엔비디아의 전체 직원 수를 넘어서 큰 화제가 되기도 했다.

"세계에서 가장 작은 대기업"이라는 젠슨 황의 말은 매우 일리가 있다. 여기에 빼놓을 수 없는 것은 높은 생산성이다. 엔비디아의 직원 1인당 생산성도 압도적이다. 2024년 1월 기준 직원 1인당 매출은 200만 달러를 돌파했다. 인당 생산성이 높기로 유명한 실리콘밸리에서도 이수치는 전무후무한 수준이다. 테크 업계 전체로 시야를 넓혀 봐도 엔비디아가 극한의 효율성을 추구하고 있다는 것이 드러나는 부분이다.

엔비디아가 세계에서 가장 작은 대기업이 될 수 있는 데 가장 크게 기여한 것은 '원 팀One team' 문화다. 엔비디아 조직 전체가 젠슨 황의 비전을 중심으로 하나의 생물처럼 유기적으로 움직여 다른 기업의 몇 배가 되는 압도적인 가치를 창출하기 때문이다.

> **"엔비디아에는 팀이 하나뿐입니다.**
> **사내 정치나 위계질서가 없다는 뜻입니다.**
> **보고 체계는 존재하지만**
> **필요한 기술을 기반으로 한**
> **프로젝트를 중심으로 팀이 구성됩니다."**

윗글은 엔비디아 홈페이지의 '우리의 문화Our Culture' 페이지[5]에 수록된 문구다. 사실 직원들 누구나 자사가 '원 팀'으로 구성돼 있다고 말하고, 그렇게 믿고 싶어 한다. 그러나 한정된 자원을 갖고 부문별, 부서별로 경쟁해야 하는 기업의 특성상 조직 구성원 전체가 이해관계까지 합치된 원 팀으로 일한다는 것은 비현실에 가깝다.

엔비디아의 조직 구조를 살펴보면 그 뼈대가 철저하게 기능적으로 이루어졌음을 알 수 있다. 세부적인 조직도는 기밀 사항이지만, 엔비디아의 사업 부문은 크게 '데이터센터', '게이밍', '프로페셔널 비주얼', '자동차' 등으로 나뉘어 운영된다. 그리고 최고기술책임자, 네트워킹 제품 총괄부사장을 비롯해 법률 및 대관, 인적 자원, 운영, 글로벌 운영, 재무 등을 담당하는 수석부사장급을 중심으로 하는 기능적인 부문과 전문성 위주의 보고 체계가 느슨하게 형성돼 있다.

여기에 다른 조직들이 하이브리드로 혼용되고 있는데, 실질적으로 기능적 조직과 관계없이 프로젝트나 제품 단위로 임시 조직이 형성되는 일이 비일비재하다. 이 때문에 엔비디아는 조직 및 보고 체계가 유연하고 다른 기업보다는 비교적 중요하지 않은 편이다. 인터뷰한 직원들도 하나같이 입을 모아 이렇게 이야기하곤 했다. "우리 회사만큼 조직도Organizational Chart가 중요하지 않은 곳은 없을 거예요."

젠슨 황은 엔비디아의 기업 구조를 설명하면서 다음과 같이 밝혔다.

**"그 누구도 보스가 아닙니다.
'미션'이 보스입니다."**[6]

엔비디아에서 조직도가 중요하지 않은 데는 이유가

있다. 사업 부문과 기능마다 책임자부터 아래로 지시 체계가 내려오는 일반적인 기업의 운영 시스템과는 다른 '파일럿 인 커맨드(Pilot in Command, 이하 'PIC'로 지칭함)' 시스템을 채택하고 있기 때문이다. 항공사에서 주조종사 또는 기장으로 불리는 PIC는 엔비디아에서는 '주 책임자'를 의미한다. 흥미로운 점은 누구나 직급에 상관없이 PIC가 될 수 있다는 것이다.

"기장이 되면 비행할 때 날씨부터
대기 상황, 관제탑과의 소통 등
모든 변수에 관해 의사결정을 내리고
그 결정들을 책임집니다.
우리 회사에서 PIC가 된다는 건 일종의
'프로젝트 리더'가 된다는 것을 의미해요.
여럿이 팀을 이룰 때도 각 부문에서
PIC들이 하나의 팀을 이루어
소통하는 것이죠.
이를테면 디자인 부문, 엔지니어링 부문,
설계 부문, 패키징 부문 등
여러 부문의 PIC들이

한 팀을 이루어 대표성을 갖고 협업해요.
이때 주니어가 PIC를 맡게 되면, 경력이
많은 구성원들이 조언해 줄 수는 있지만
결국 결정을 내리고 책임을 지는 건
PIC예요."[7]

직급과 관계없이 모두가 프로젝트 리더로서 책임감 있게 의사결정에 참여하고 팀별 협업의 주체가 되는 시스템. 이러한 시스템은 조직이 내세우는 미션을 기준으로 팀과 자원을 배치하는, 즉 미션을 '보스'로 하는 엔비디아의 원칙에 근거해 작동한다. 예를 들어 '(최신 GPU 라인업인) 블랙웰을 구축한다'라는 미션으로 팀을 구성한다면, 블랙웰을 성공적으로 론칭하기 위해 필요한 각 부문의 PIC들의 의견과 아이디어가 가장 중요하게 여겨지는 것이다. 태스크포스TF 등 각 부문에서 인원을 차출해 전사적인 조직을 꾸릴 때, 일반적인 기업의 조직들은 직급과 연차를 우선순위로 고려해 적합한 사람들을 후보로 추린다. 또는 TF 리더의 직급에 따라 팀원들의 직급과 연차를 고려하는 관행이 우선시된다. 엔비디아가 일반 기업들보다 더욱 유연한 방식의 팀 구축이 가능한 것은 이처럼 위계 관행을 따르지 않고 조직의 미션을 최우선으로 했기 때문이다.

실제로 엔비디아의 조직 내에서 프로젝트 단위의 임시 팀들은 어떻게 구성되고, 움직이고 있을까? 엔비디아 직원들이 '회의 중', '출장 중'과 같이 현재 상태를 이야기하는 것만큼이나 많이 하는 말이 있다.

## "다른 프로젝트를 돕기 위해 '용병'으로 가 있습니다."[8]

누구든 일손이 부족하거나 집중적인 화력 지원이 필요한 곳에 임시로 '용병loan'처럼 파견돼 일을 돕고, 프로젝트가 마무리되면 원래 일로 복귀하는 형태다. 'loan'이라는 단어는 업무적으로 쓰일 때는 '파견'으로 흔히 번역되는데, 일반적인 파견보다는 좀 더 격식 없는 상황에서 쓰이곤 한다. 보통 조직에서 '파견'한다고 하면 공지를 통해 파견자를 모집하고, 임시 형태이더라도 인사 발령을 내는 방식으로 기한 등을 명시하고 진행한다. 하지만 엔비디아에서는 이 절차가 한결 가볍다.

일반적인 기업 조직에서 다른 조직에 인원을 제공하는 일은 금기에 가까울 정도로 꺼리는 일이지만 엔비디아에서는 다르다. 조직도의 탄력성이 낮은 대부분의 기업에서는 인원을 넘겨주는 순간, 해당 부서의 일이 더 적은 인원으로도 가능하다는 것을 반증하는 전례가 되어 향후 팀의 정원에 영향을 받을 수 있기 때문에 가급적 이를 피하려 한다. 좋은 취지에서 시행되는 일이더라도 결국 공동의 목표를 달성하기 위한 회사 내부의 우선순위는 흐려지고 부서별 이해관계만 남기 쉽다.

하지만 엔비디아의 자유로운 용병 제도는 조직 내에서 일상적으로 이루어지는 '품앗이'로 인식된다. 어느 조직이든 급한 일이 있거나 문제를 겪고 있는 부문을 우선순위에 두고 인력 등의 자원을 집중하는 것이다.

동시에 엔비디아의 직원들을 인터뷰하는 과정에서 이런 의문이 들기도 했다. 특정 프로젝트에 용병으로 파견되면 조직도상 인사 평가를 담당하는 관리자의 시야 밖으로 벗어나게 되는데, 그러면 인사 평가에 불이익이 있지 않을까? 이에 대해 엔비디아 직원들은 "회사가 필요로 하는 일을 위해 움직인 사람에게 불이익을 줄 수는 없다"라고 의견을 밝혔다. 만약 그런 일이 있을 경우에는 관리자 개인의 미숙함과 같은 인적 오류로 보기 때문에 극히 드문 사례라고 손사래치는 반응이 대부분이었다. 파견이라든지 임시적인 형태의 조직에서 일하는 구성원의 기여도와 중요도에 대해서도 똑같이 중시하는 문화가 엔비디아 내에 오랫동안 자리 잡아왔다. 그렇기 때문에 이같이 유연한 조직의 형태에 합류해 일하는 것에 대해 직원들의 거부감이 적다는 것을 확인할 수 있었다.

## "어떤 일도 제게는 하찮지 않습니다."
### No task is beneath me.

이 말은 젠슨 황이 직원들에게 항상 언급하는 일종의 만트라다. 그는 2024년 4월 미국 스탠퍼드대학교 MBA 학생들과의 대담에서 리더십 스타일에 관한 질문을 받았을 때도 이와 같이 운을 뗐다. 엔비디아의 최고 의사결정 권자의 기준에서 봤을 때 '하찮은 일은 없다'는 메시지를 강력히 표명한 것이다.

이는 학창 시절 젠슨 황이 미국의 저가형 패밀리 레스토랑 데니스Denny's에서 아르바이트로 접시를 닦고 화장실을 청소할 때부터 마음에 새긴 교훈이다. 우스갯소리로 그는 데니스의 역사상 가장 성실한 접시닦이 아르바이트생이었다고 종종 이야기한다. 접시 하나, 변기 하나를 닦을 때도 허투루 일하지 않을 수 있었던 데는 일의 격을 따지지 않는 태도가 영향을 미쳤다.

30여 년이 훌쩍 흘러 젠슨 황이 엔비디아 제국의 최고 의사결정권자이자 최종 보스가 됐음에도, 그는 변함없이 이 초심을 간직하고 있다. 누군가 작은 문제라도 의견을 요청한다면, 문제를 해결하기 위한 사고방식 및 대안에 관한 시나리오를 제시하면서 그 자신도 프로젝트에 기여하고자 한다. 이러한 과정에서 직원들의 동기부여를 비롯한 전반적인 지원empowerment도 이뤄지는데, 이것이야말로 리더로서 가장 중요한 일이라고 여긴다. 그 과정에서 서로가 무언가를 배울 수 있다고 생각하기 때문이다.

'임파워먼트'는 우리말로는 대개 권한 부여로 설명되지만 그 의미가 좀 더 복잡하다. 직원들이 일할 수 있는 동기부여를 제공하는 한편, 이를 바탕으로 필요한 자원을 적절히 지원해 생산성을 끌어올릴 수 있는 환경을 만들어주는 전 단계를 의미한다. 결국 리더에게는 임파워먼트가 조직 관리의 시작과 끝이라는 것이 젠슨 황의 지론이다.

이 때문에 엔비디아에서는 관리자의 역할도 일반적

인 기업 조직과는 조금 다르다. 관리자들이 '스스로 하지 못할 일이라고 여기면 동료에게도 맡길 수 없다'는 생각을 금기처럼 새기고 있는 것이다. 동료는 물론 부하 직원에게도 마찬가지다. 엔비디아에서는 리더들이 단순히 보고를 받는 존재가 아니라, 솔선수범하고 직접 회의에 참여해 머리를 보태는 일이 흔하다. 평소 리더들을 거침없이 몰아붙이는 것을 당연시하는 젠슨 황도 엔비디아에서 리더(특히 중간관리자)로 일하는 고달픔에 대해 공감을 표한 바 있다.

**"리더들의 경우 압박이 상당히 큽니다.**
**기존에 위에서 아래로 명령하는**
**시스템에서는 보고받는 사람이**
**정보 출처에 더 가까이 다가갈 수 있기**
**때문에 더 많은 권한을**
**가질 수밖에 없습니다.**
**하지만 우리 회사에서는 정보가 팀 단위로**
**여러 사람에게 빠르게 전파됩니다.**
**조금 전에 참여한 로보틱스 회의에는**
**세 명의 부사장과 두 명의 직원이**

**있었는데, 함께 결정을 내리는 순간 직급에 상관없이 모두에게 정보가 돌아간 것이죠. 모두가 같은 정보를 아는 상황에서 리더들은 신속한 문제 해결을 위해 여러 일들을 책임져야 하는 존재로 역할을 하는 것입니다."** [9]

중간관리자인 매니저의 역할도 일반적인 기업 조직과는 약간 차이가 있다. 엔비디아에서 관리자는 직원 개개인에게 동기부여를 하는 사람인 동시에, 이에 맞는 권한과 역할을 적재적소에 배치하는 '자원 분배자'로서 활동한다. 최적의 팀워크를 달성하기 위해 관리자는 누구보다 조직이 돌아가는 상황을 면밀히 살피고 발로 뛰어야 하는 것이다. 또한 구성원의 장단점을 파악하고 최적의 팀을 꾸리려면 언제든 인력을 빌려와야 하는 임무도 있기에 부하 직원들의 신망도 얻는 노력이 필요하다.

엔비디아는 관리자가 자원 배분권과 성과 평가권을 무기로 '권력의 배후'가 되는 것을 극도로 경계한다(이를 방지하고자 선택한 다양한 장치들은 3장에서 살펴볼 것이다). 만약 관리자가 신망을 잃는다면 인력 품앗이도 어려워지기 때문에 관리자는 백방으로 노력할 수밖에 없다. 임원급에 속하는 시니어 디렉터부터는 이사회의 동의를 만장일치로 얻어야만 승진할 수 있는데, 이 과정에서 여전히 주요한 검증 요소는 여러 동료와의 다면적 관계에 근거한 신망과 평판이다. 엔비디아에서 5년 근무한 한 엔지니어는 이같이 설명했다.

"회사와 프로젝트의 미션이 보스입니다. 업무 과정에 최선을 다하고 결과에 집중한다면 사내 정치와 조직 라인은 결코 중요하지 않습니다."

엔비디아는 위에서부터 아래로 지시가 내려오는 수직적 구조를 타파하고 관리자가 아닌 미션에 충성할 수 있는 구조를 구축하기 위해 다양한 변화를 도모했다. 이를테면 관리자의 역할을 재정의하는 한편 (위에서부터 아래로의 지시와 명령 하달이 아니라) 일과 프로젝트에 따라 팀이 유연하게 움직이도록 했다. 결국 최고의 제품을 만들어낼 수 있는 설계도는 조직도에서부터 반영돼야 한다는 강력한 기업 철학이 밑받침돼 있기에 이 같은 조직의

운영이 가능했을 것이다. 혁신적인 조직을 만들기 위해
누구보다 앞장서는 젠슨 황의 강력한 리더십은 더욱 유연
한 조직 문화로 나아가는 데 프로펠러 역할을 하고 있다.

# 하나의 구조,
# 하나의 팀

1999년 엔비디아는 '지포스 256 GeForce 256'을 출시하면서 마침내 그래픽카드 부문에서 일인자로 올라섰다. 부두 Voodoo 그래픽카드로 돌풍을 일으켰던 3dfx 인터랙티브 3dfx Interactive는 2002년에 파산하고 말았는데, 당시 상당수의 자산을 엔비디아가 인수했다. 또 오랫동안 강력한 라이벌이었던 ATI도 2006년 AMD에 인수되며 역사 속으로 사라졌다. 한때는 200여 곳의 경쟁자들이 난립했던 그래픽카드 시장의 10여 년에 달하는 춘추전국시대를 끝내고 엔비디아가 일인자로 올라선 것이다.

이 시기부터 엔비디아는 계속해서 새로운 아키텍

처를 선보였다. 통합 셰이더shader 모델을 최초로 도입
한 '테슬라 아키텍처' 이후 엔비디아는 페르미 아키텍
처(2010년), 케플러(2012년), 맥스웰(2014년), 파스칼
(2016년), 볼타(2017년), 튜링(2018년), 암페어(2020년),
호퍼(2022년), 블랙웰(2024년) 등 후속 아키텍처를 지속
적으로 출시하고 있다.

아키텍처의 성능은 제품별로 다르지만, 특정 아키텍
처의 작동 원리에 대한 이해도는 개발 부문이든 지원 부
문이든 고객이든 기본적으로 동일하다. 엔비디아의 애플
리케이션에 적용되는 칩은 모두 하나의 아키텍처를 기반
으로 하기 때문이다. 여기서도 엔비디아의 제1원리 사고
법을 엿볼 수 있다. 가장 적은 인원으로 최적의 성과를 달
성하기 위해 필요한 것은 모두 동일한 이해도를 가지고
같은 방향을 바라보는 것이다. 즉, 저마다 단일한 칩을 기
반으로 움직이는 것이다. 이른바 '원 아키텍처One Architec-
ture' 문화다.

게임 그래픽, 데이터센터, AI, 로보틱스, 자율주행
등 분야는 다르더라도 동일한 GPU 아키텍처를 활용한
다. 쓰임에 따라 옵션과 같은 부가적인 기능을 추가하거
나 성능을 덜어낼 수 있지만, 코어를 이루는 핵심 칩은 하

나의 아키텍처를 기반으로 하는 것이다. 2024년에 출시된 블랙웰Blackwell 아키텍처의 경우 두 개의 블랙웰 GPU에 자체 CPU(중앙처리장치)인 그레이스Grace를 결합하면 데이터센터 부문에 활용할 수 있고, 싱글 칩으로는 그래픽카드에 쓰이는 방식이다. 자율주행 기술을 위해 차량에 투입되는 칩 역시 마찬가지다.

원 아키텍처 기조는 경제적인 면에서 장점이 크다. 통일된 아키텍처 하나를 개발하면 이를 통해 '원 아키텍처 멀티 유즈'가 가능하기 때문에 개발 비용과 시간을 크게 줄일 수 있다. 엔비디아가 매년 새로운 아키텍처를 기반으로 다양한 제품군을 선보일 수 있는 이유도 여기에 있다. 사업의 확장성과 유연성이 높을 수밖에 없다.

엔비디아의 주 사업군은 데이터센터, 게임, 자율주행, 전문가용 그래픽 부문으로 비교적 단순하다. 이 부문들은 저마다 원 아키텍처에서 뻗어나가 각 쓰임에 따라 최적화할 수 있는 기능을 추가로 탑재하거나 기술을 정교화하는 방식으로 운영된다. 이를 바탕으로 추가로 신사업을 확장하게 되더라도 같은 아키텍처를 토대로 해당 사업군에 맞는 애플리케이션을 고도화해 상품성을 높일 수 있다.

특히 개발자 입장에서는 하나의 툴세트Toolset로 작업할 수 있으므로 개발 효율성이 높다. 이는 엔비디아가 실질적으로 원 팀을 운영하게 하는 데 중요한 역할을 한다. 만약 자율주행 부문에 소속된 엔지니어가 데이터센터 부문으로 용병 역할로 파견된다고 하더라도, 바로 그날부터 일을 시작할 수 있기 때문이다. 기본적인 칩의 설계에 대해 모두가 같은 이해도를 공유하고 있기 때문에 원 아키텍처는 엔비디아의 '원 팀'을 현실로 만드는 핵심적인 요소인 셈이다.

엔비디아에서 15년 이상 일하며 그래픽카드, 모바일, 자율주행 부문을 두루 경험한 엔지니어는 이렇게 말했다.

"만약 저희가 AI용 칩 따로, 자율주행용 칩 따로, 그래픽카드용 칩 따로 만들었다면 절대 이 규모와 속도로 움직이지 못했을 거예요. 불가능에 가까운 일이죠."

이러한 기조는 엔비디아의 조직이 설계된 방식과도 관련이 있다. 젠슨 황은 기업의 조직 구조는 자사의 제품을 만드는 기계의 설계도를 반영해야 한다는 지론을 갖고 있다. 이를테면 중국식 볶음밥을 만드는 맛집과 햄버

거를 만드는 맛집의 운영 방식은 각 상점이 만들어내는 요리의 속성에 따라 완전히 달라져야 한다는 의미다. 저마다 다른 제품을 만들어내는 기업들이 같은 획일적인 조직도에 따라 움직인다는 것은 기업이 자사의 조직을 최적화하는 방식으로 구축하는 데 실패했다는 것을 보여준다고 생각한다.

젠슨 황이 직접 조직 구조를 묘사한 바를 참고하면, 엔비디아가 구축한 조직은 엔비디아의 핵심 제품인 '컴퓨팅 스택stack'과 유사하다. 가장 아랫단에는 설계도가 있고, 그다음에는 엔비디아의 칩이 있다. 그 위에 소프트웨어가 올라간다. 그리고 그 위에는 서로 다른 기능을 하는 각 모듈이 있는데, 이 모듈들의 하나하나를 이루는 것은 바로 사람이다. 각 모듈의 기능이 잘 돌아갈 수 있도록 하는 데 가장 많은 지식을 갖고 있고, 가장 적합한 사람이 'PIC(주 책임자)'가 되는 구조다. 계층 구조를 넘어서 PIC들을 일종의 허브로 삼아 모든 부서와 역할이 연결되어 협업하는 신경망처럼 작동할 수 있게 한다. 각 칩마다 기반이 되는 설계도를 하나로 통일해 이를 조직 구축 방식에도 반영한 것이다.

원 아키텍처 운영에 따라오는 장점은 또 있다. 그 자

체가 원 팀 문화를 강화시키는 방식으로 선순환을 만들어준다는 것이다. 모든 제품이 하나의 아키텍처에서 뻗어나가기 때문에 각 사업 부문 간 칸막이는 낮아질 수밖에 없다. 조직 구성원이 원하면 쉽게 소속을 옮길 수 있기 때문에 위화감도 적은 편이다. 일반적인 기업 조직에서 늘 갈등의 요소가 되곤 하는 돈을 버는 팀과 그렇지 못한 팀 사이에 불협화음도 적다.

엔비디아의 2024년 1분기 기준 데이터 부문의 매출은 226억 달러로 전체 매출의 86퍼센트를 차지했다. 개인용 그래픽카드가 주를 이루는 게이밍 부문의 매출은 26억 달러로 10퍼센트에 불과했다. 하지만 3년 전인 2021년 1분기만 해도 게이밍 부문의 매출은 27억 6,000만 달러로 전체 매출의 절반에 달하는 48.6퍼센트를 기록했다. 그보다 더 긴 시간 동안 게이밍 부문이 회사의 주력 매출원이었음은 두말할 나위도 없다. 한때 데이터센터 부문은 엔비디아에서 돈을 벌지 못하는 신사업이었다. 이러한 기억을 전 직원이 공유하고 있기 때문에 매출 기준으로 한 자릿수 비중을 차지하는 자율주행과 프로페셔널 비주얼 부문에 대해서도 직원들 서로가 화력을 지원해야 한다는 암묵적인 합의가 깃들어 있다.

**'없는 시장을 개척해야 한다.
언제, 어떤 사업이
주력 매출원이 될지 모른다.'**

이러한 인식이 바로 엔비디아의 원 팀을 지속 가능
하게 만드는 비결이다.

원 팀이 실제 효과적으로 기능할 수 있도록 제품을
만드는 설계도를 조직도에 반영해 직원들이 협력하는 방
식 자체를 각 컴퓨팅 스택 위에 올라가는 모듈처럼 유기
적으로 돌아가게 하는 것은 엔비디아만의 강력한 자산이
됐다. 원 팀은 이제 엔비디아의 DNA로 새겨져 있을 정도
다. 그리고 인식이 조직의 행동 방식으로 각인될 수 있었
던 것은 젠슨 황이라는 리더가 '미션이 보스다'라는 비전
을 직원들이 신뢰하고 따를 수 있도록 한결같이 실행한
덕분일 것이다.

'미션이 보스다'라는 공통적인 지향 속에 자리한 '원
팀' 의식은 국내 기업들에게도 시사하는 바가 크다. '우리
회사는 왜 안 될까'를 지적하기 전에 실상을 들여다보라.
부문별, 기능별로 주어진 예산과 인력, 임원 자리 수 등
의 자원을 두고 팽팽하게 경쟁하느라 원 팀 의식을 뒷받

침할 실질적인 시스템 구축은 뒷전으로 미뤄버리는 것이 현실이다. 무작정 원 팀 의식을 강조해야 한다는 것이 아니다. 기존 조직도에 얽매이지 않고 각 기업이 만드는 제품에 맞는 조직 구조를 고민하고, 직급에 상관없이 저마다 PIC가 되어 주인의식을 갖고 프로젝트를 이끌 수 있는 환경을 갖추는 것이 급선무라는 의미다. 동시에 이 같은 조직 구조를 지속 가능하게 만들 수 있도록 인사 평가와 보상 정책도 각 기업에 맞게 고도화해야 할 것이다.

엔비디아에는
팀이 하나뿐입니다.
사내 정치나 위계질서가
없다는 뜻입니다.
보고 체계는 존재하지만
필요한 기술을 기반으로 한
프로젝트를 중심으로
팀이 구성됩니다.

# 지적 정의하지 NVIDIA's _Keyword

## 2장

한동안 실리콘밸리의 창업가 정신은 'Fake it till you make it'으로 통했다. 될 때까지 그런 척 행동하면 실제로 그렇게 된다는 의미다. 스타트업 호황기에는 스타트업의 생존이 급선무이기 때문에 그 과정의 정직성은 때로는 간과됐다. 스타트업이 투자를 유치하고 다음 단계를 모색하려면 기술의 진척 상황과 재무 상태에 대한 어느 정도의 부풀림은 용납되는 분위기였다. 결국 어떤 일을 할 수 있을 때까지 할 수 있는 척하는 자세를 창업자의 자신감과 배포를 가늠하는 잣대로 활용하기도 했다.

심지어 성공한 기업가들 사이에서 불가능에 가까운 약속을 먼저 던져놓고 이후 결과를 만들어낸 후일담들이 등장하다 보니, 정직한 태도는 무시되고 과도한 자신감이 신성시되기도 했다. 일부 스타트업 창업자들은 될 때까지 되게 만든다는 '허슬' 정신과 지나친 자신감을 혼동하는 경우도 생겼다. 업계 전체에 퍼진 이러한 자기기만은 곧 재난급의 사고로 이어지기도 했다.

엔비디아 혁신의 출발점, 지적 정직함(출처: 저자 제공)

이 장에서는 엔비디아의 기업 윤리인 '지적 정직함'
의 의미를 살펴보고, 그 가치를 어떻게 기업에 체화할 수
있었는지를 다루어보고자 한다.

# 혁신의 출발점은
# '지적 정직함'

피 한 방울만으로도 200여 가지의 병을 진단하는 기술을 내세웠던 바이오 스타트업 테라노스Theranos의 창업자 엘리자베스 홈즈Elizabeth Holmes는 자기기만 사례의 대표적 인물로 꼽힌다.

실리콘밸리의 최대 명문인 스탠퍼드대학교를 중퇴한 홈즈는 질병 지도를 만들겠다는 비전을 세우고 막대한 양의 투자금을 유치했다. 2015년 그의 사기 행각이 한 저널리스트에 의해 폭로될 때까지 한화로 무려 1조 원에 달하는 7억 2,400만 달러의 투자금을 모았다. 그는 외부적으로 기술력을 의심받을 때면 헨리 키신저Henry Kissinger

전 국무장관, 조지 슐츠George Shultz 전 국무장관, 제임스 매티스James Mattis 전 국방부 장관 등 저명인사들을 이사진으로 포진시켜 병풍으로 삼았다.

이렇듯 내세울 수 있는 그럴싸함을 부각시키는 데 급급한 나머지 정작 약속한 기술은 뒷전으로 밀려나기 일쑤였다. 결국 혈액 검사로 몇 가지 진단도 제대로 실행하지 못한 테라노스의 실체는 신기루인 것으로 판명 났고, 투자금은 증발했다. 홈즈와 동업자인 라메쉬 서니 발와니Ramesh Sunny Balwani가 사기죄로 형을 선고받는 것 외에도, 실리콘밸리가 집단적으로 갖고 있던 믿음에 돌이킬 수 없는 상처를 남겼다.

당장 사업의 실체가 없더라도 창업자의 비전을 보증수표로 삼아 투자금을 수혈하던 실리콘밸리의 오랜 신화가 무너지는 순간이었다. 이에 대한 반성으로 실리콘밸리에서는 '정직함'의 가치가 떠올랐다. 땅에 떨어진 신뢰도를 되돌리기 위한 자성의 목소리였다.

만약 홈즈가 엔비디아의 직원으로 일했다면, 그는 미래를 향한 온갖 수사로 가득한 달콤한 사탕발림 연설의 서론을 끝내기도 전에, 젠슨 황으로부터 핀잔을 들었을 것이다.

젠슨 황은 직원들과 소통할 때는 일대일 미팅을 최대한 피하는 대신, 종종 여러 명의 직원이 모인 상황에서 난상 토론을 벌이곤 한다. 이 난상 토론의 분위기에 대해 귀띔하자면 '가차 없음', '예측 불가'로 요약할 수 있다. 평소 온화한 태도의 젠슨 황이 회의 도중에 화를 내는 것을 목격한 직원도 부지기수다. 인터뷰한 엔비디아 직원들의 표현에 따르면, 젠슨 황은 회의 시간에 종종 "평정심을 잃는다"고 한다. 그와 업무에 관해 한번 문답을 시작하면 적당히 둘러대는 것은 어림없는 일이라고 직원들은 입을 모은다.

심지어 '젠슨 앞에서 절대 하지 말아야 할 금기 사항'으로 직원들에게 공유되는 암묵적인 매뉴얼도 있을 정도다.

**첫째, 아는 척하는 것**
**둘째, 얼버무리는 것**
**셋째, 과장하는 것**

이 세 가지 금기 사항은 한마디로 통칭된다. '헛소리 하지 말라'는 것이다. 간 큰 직원이 이 중에 하나라도 행동으로 옮겨 젠슨 황의 날카로운 눈에 포착됐다가는 사무실이 순식간에 어두운 취조실로 변하는 것은 피할 수 없다는 뜻이다. 상황을 모면하려고 변명을 들이밀거나 지킬 수 없는 말을 한다면 상황은 돌이킬 수 없다고 한다.

이것은 젠슨 황의 평소 화법과도 관련이 있다. 솔직함과 개방성, 투명성을 중시하는 그는 돌려 말하지 않는다. 예민한 주제에 대해서도 주저하거나 피하지 않고, 열려 있는 태도로 솔직하게 접근한다. 여기에 심리적 거리를 좁히는 무해한 농담은 그의 솔직함을 더욱 매력적으로 만든다.

규모가 작은 회의든 큰 행사든 직원들 앞에서도 마찬가지다. 특히 분기마다 두세 시간씩 전체 직원이 참여하는 올핸즈 미팅에서는 직원들에게 궁금한 점들을 실시간으로 질문받아 거침없이 답변해준다. GTC 행사에서 볼 수 있는 록스타적인 면모를 직원들은 분기마다 볼 수 있는 셈이다. 평소 재택근무를 하는 직원들도 이날만큼은 모두 회사로 출근하기에 마치 '개강 총회' 같은 분위기가 벌어진다. 직원들은 젠슨 황의 꾸밈없는 솔직함으로 인해 평소 회사 조직에 대해 해소하지 못했던 답답한 부분들을 공론화해 소통할 수 있다는 점을 엔비디아의 장점으로 꼽기도 했다.

젠슨 황의 화법에 대해 참고할 만한 일화 하나. 한동안 엔비디아의 인력이 빠르게 충원되던 시기에 새로 입사한 직원들의 연봉이 더 높게 책정돼 기존 직원들 사이에 불만이 나오고 있다는 지적이 있었다. 사실 CEO 입장에서는 피하고 싶은 불편한 이슈일 것이다. 새로 입사한 직원과 기존 직원이 모두 다 있는 가운데서 한쪽 편을 들 수도 없는 노릇이다. 이도 저도 아닌 답변을 내놨다가는 양쪽 직원들의 마음을 상하게 할 수 있으니 말이다. 이때 젠슨 황은 자신만의 정공법으로 이처럼 솔직하게 털어놓았다.

"필요한 인력을 확보하려면,
당시 시장의 수요와 공급에 맞춰
연봉을 책정할 수밖에 없습니다.
하지만 주어진 상황에서 최대한
직원들마다 많은 보상을 해주려고
합니다."[1]

통상 실리콘밸리의 기업들은 연봉과 자사주로 급여

체계가 결정되기 때문에, 근속 연수가 오래된 직원이 유리한 측면도 분명히 있다. 이러한 상황을 고려해 이야기를 나누다가 젠슨 황은 다음과 같은 말로 직원들에게 담백하게 마음을 표현했다고 한다.

**"만약 새로 입사한 동료가
더 많은 연봉을 받는 것을 알게 됐다면,
질투심을 갖거나 짜증을 낼
문제가 아닙니다.
오히려 진심으로 축하해줘야 합니다."[2]**

보상제도나 수익과 관련해 공적으로 위기의식을 전할 때도 젠슨 황의 화법은 거침없다. 생성형 AI 시대가 도래하면서 엔비디아의 수익성이 성장하자, 자연스레 연봉 인상 요구가 제기됐다. 이에 젠슨 황은 회사의 상황을 투명하게 공유하려 노력하며, 허심탄회하게 말했다.

**"저는 여전히 회사의 미래에 대해
불안함이 있습니다. (…)
직원들뿐만 아니라 직원 가족들의**

**미래까지 고려해야 하니 말입니다.
연봉을 올릴 수 있도록
그 적정선을 찾고자 노력하고 있습니다."** [3]

2008년에 엔비디아 주가가 80퍼센트 이상 떨어지고, 심지어 직원들의 연봉을 일부 삭감해야 했던 시기는 젠슨 황에게 어두운 기억으로 남았다. 어려운 시기에 대한 기억에 근거해 불안한 마음을 솔직하게 건넨 것이다. 기업이 내는 성과가 반영되는 실적 지표와 달리 외부적 요인에 의해 주가는 더욱더 오르락내리락하는 것이 실리콘밸리의 기업들에게는 비일비재한 일이기 때문이다. 직원들에게 당장 달콤한 미래를 제시하기보다는 어려운 상황을 고려해 회복탄력성을 기를 수 있는 분위기를 조성하고, 때로는 허심탄회하게 CEO의 고민도 나누는 점이 남다르다. 평소 개방적인 자세로 자신이 느끼는 소회를 공유하다 보니, 직원들도 리더의 '취약점'에 대해 열려 있는 마음으로 화답하는 경향을 보인다.

우리나라 리더들에게서는 찾아보기 힘든 이러한 태도는 엔비디아 기업 문화의 핵심인 솔직함의 가치, 이른바 '지적 정직함Intellectual Honesty'과 관련이 있다. 용어 자체는 우리나라 조직에서는 생소하지만, 그 개념은 어디서든 유효하게 여겨질 덕목이다. 이는 실제로 아는 것보다 남들에게 보이고자 하는 인정 욕구가 앞서는 지적 허영심의 대척점에 있는 가치다. 즉, 지적 정직함은 진실을 추구하는 태도이자, 실수를 인정할 수 있는 능력을 의미한다.

지적 허영심이 있는 사람은 모르는 것이나 취약점이 노출되면, 그로 인해 자신의 평가가 좌우될 것을 우려한다. 이 때문에 실패를 쉽게 인정하지 못하고 방어적인 태도를 보이거나, 잘못된 일이 생기면 이를 축소해 보고하거나 다른 데서 원인을 찾아 일을 키울 우려가 있다. 빠른 속도와 경계 없는 소통을 중시하는 엔비디아에서 가장 염려하는 것은 결정적인 순간에 문제 해결의 '골든 타임'을 놓치는 것이다.

이 때문에 엔비디아에서는 지적 정직함의 가치를 일종의 '엔비디아 윤리'로 삼아 공유한다. 아는 것과 모르는 것을 명확하게 인지하고, 만약 실수가 있었다면 이를 인지하고 소통할 수 있는 능력을 말한다. 좀 더 정확히는, 자신의 현재 상황을 분명하게 인식하고, 실패나 실수에 대해 자기변명을 하지 않고 열린 자세로 다른 사람의 피드백을 받아들이는 것이다.

이러한 문화로 얻게 된 가장 큰 수확은 많은 사람들이 상대방의 직간접적인 의도를 추측하기 위해서 감정과 에너지를 낭비하는 조직 내 사회적 비용을 크게 줄였다는 데 있다. 엔비디아에서는 직원들이 투명하게 직접적으로 말하지만, 구성원들의 의식 기저에는 '상대에게 해를 끼치려는 지적이나 직언이 아니다'라는 공감대가 깔려 있다. 이 때문에 상대방이 솔직하게 지적한다고 해도 이를 개인적인 공격으로 받아들이는 대신, 업무의 검증 과정이나 생산적인 피드백의 일환으로 받아들인다. 물론 일부의 경우 이 같은 지적을 개인에 대한 공격으로 받아들이는 사람들도 있다. 하지만 이는 아직 숙련이 덜 됐거나 '컬처 핏(Culture Fit: 조직 문화 적합성)'이 안 맞기 때문이라고 여긴다. 지속적으로 피드백에 방어적인 태도를 보이는 직원은 장기적으로 도태되거나 회사를 떠날 수밖에 없다는 것도 공감대를 이루고 있다. 한 직원은 피드백에 대한 태도에 대해 이렇게 설명했다.

"엔비디아에서는 이 사람이 실수하고 있다는 생각이 들면 직접 가서 이야기해줘요. '지금 잘못된 방향으로 가고 있는데, 다른 방향과 혼동하고 있는 것 같아요'라고 솔직하게 말하는 편이에요. '원 팀'이라는 의식 속에 서로가 잘되는 방향으로 갈 수 있기를 바라면서 하는 직언이라고 생각하니까, 받아들이는 이들도 상대적으로 열려 있어요. 나중에 반대로 제가 어떤 것을 놓치면, 그 상대가 얼마든지 이야기해줄 수도 있다고 생각하죠."[4]

사실 많은 피드백의 경우 상대가 어떻게 받아들일지 예상할 수 없는 데서 오는 불안과 자칫 선의로 한 피드백이 곡해되거나 거절을 받을 수 있다는 두려움이 장벽으로 작용한다. 이는 개개인의 입장에서는 큰 손실이 아니지만, 조직 차원에서는 애초에 직원들의 집단 지성으로 바로 잡을 수 있었던 일을 크게 키웠다는 점에서 막대한 비용이 될 수 있다. '지적 정직함'을 공동의 양심으로 삼은 엔비디아는 개개인이 오랜 기간 쌓아야 할 신뢰를 조직 차원에서 빠르게 형성함으로써 수많은 잠재적 손실을 예방할 수 있게 됐다. 직원 개인들도 타인의 열린 자세와 선의를 믿고 피드백을 일종의 '품앗이'처럼 행한다.

직급과 연차에 따른 위계가 분명한 우리나라의 조직 사회에서는 요원한 일이기도 하다. 자기계발 관련 강연에서도 가장 많은 질문을 차지하는 것이 상사나 직원들과의 소통 문제다. 상사에게 피드백을 전하려고 하면 최대한 긍정적인 말로 앞과 뒤를 장식하다 보니, 핵심은 정작 그 앞뒤 문구 사이에서 희미해지는 샌드위치식 피드백이 권장되기도 한다.

이처럼 많은 사람들이 소통 방식에 고민을 쏟는 시간은 절대적이다. 특히 상사에게 답할 때 '네', '넵', '예', '옙'에 따른 뉘앙스 차이까지 고민해야 하는 직원들이 상당수인 것이 현실이다. 서로가 '한 팀이라는 전제하에 무해한 피드백을 준다'는 의식은 수많은 소통 과정의 불필요한 사회적 비용을 줄일 뿐만 아니라, 좀 더 다양하게 의견을 개진하고 실패의 비용을 줄일 수 있다는 것에서 우리나라의 기업 문화에 가장 큰 변화의 여지를 도모할 수 있는 영역이다. 갈 길이 먼 만큼 가장 드라마틱하게 달라질 수 있다는 것이 긍정적인 부분이라고 생각된다.

# 실패에서 배우고,
# 또 실패하고 배우라

실리콘밸리 스타트업의 성장 바이블이 된《블리츠스케일링Blitzscaling》의 공동 저자이자 블리츠스케일링벤처스Blitzscaling Ventures의 대표인 크리스 예Chris Yeh가 2024년 7월 내한해 필자와 대화를 나누는 과정에서 기업 윤리에 관해 이야기할 기회가 있었다.

그가 정의하는 엔비디아표 지적 정직함은 '의도된 합리화Motivated reasoning'의 가능성을 배제하는 데서 시작한다. 대개 사람들은 부서별 이해관계나 자신의 선호, 성향, 선입견으로 인해 판단을 내려야 할 때, 자신이 잠재적으로 세운 결론에 부합하는 증거만을 취할 가능성이 높다.

이 같은 가능성을 염두에 두고 '제1원리 사고'로 돌아가 하나하나 합리적으로 추론해, 설령 원하지 않는 결론에 다다르더라도 이를 받아들이는 것이 중요하다고 본다. 여기서 문제 해결의 관건은 '원하지 않는 결론'이라도 적극적으로 받아들이는 자세다. 일단 그 결론을 받아들이기로 했다면, 수동적인 태도에 머무는 것이 아니라 이전의 선택과 결론으로부터 빠르게 벗어나야 한다는 것이다.

이러한 개념은 아마존에서 실행의 대원칙으로 삼는 '동의하지 않아도 헌신한다Disagree and Commit'보다 한 단계 더 앞서 나간다. 아마존의 이 원칙에 따르면, 자신이 특정 결정에 대해 반대 의견을 가질 수 있지만, 일단 결정이 내려지면 그 결정이 좋든 싫든 충실히 따르는 것을 의미한다. 결론이 나면 자기 입장에 상관없이 이에 전념해 이행한다는 것이다. 하지만 엔비디아에서는 원하지 않는 결론 자체가 '의도된 합리화'의 산물이라고 본다. 애초에 모든 가정을 객관적인 시각에서 점검하고, 그 결과 검증된 근거만을 바탕으로 결론을 유추하는 자세다.

이를 위해 젠슨 황은 '실패에 대한 엔비디아의 태도'를 새롭게 정의해 가다듬었다. 실패를 감수하고, 실패에 대한 역치(반응을 일으키는 최소한의 자극)를 높이는 방식이다. 이것은 기술적인 문제가 아니라 용기의 문제라고 생각했기에, 젠슨 황은 실패에 대한 태도를 문화적인 DNA로 각인하고자 심혈을 기울였다.

자신을 돌아보며 사실관계를 객관적으로 규명하는 것보다, 자신이 믿는 대로 보는 '합리화'가 훨씬 쉽다. 모든 전제를 점검하고, 때로는 잘못된 선택을 인정하고 공유해야 하는 것은 어려운 일이다. 진실을 추구하는 문화는 개인 한 명의 노력만으로는 이루기 어렵다. 누구나 자신의 감정 뒤에 숨고 싶고, 자신이 보고 싶고 듣고 싶은 이야기만 좇으려 하기 때문이다. 무엇보다 조직 자체가 직원들의 실패를 열린 자세로 받아들이고, 그들에게 긍정적인 피드백을 주는 일을 끊임없이 반복해야 비로소 지적 정직함이라는 가치는 조직의 문화로 자리 잡을 수 있다. 조직이 실패에 대해 일관성 있는 태도로 수용하는 모습을 보여주는 것이다. 엔비디아의 이 가치가 기업에 강력한 힘을 가져다주는 것은 조직 문화로서 핵심 역할을 하기 때문이다.

젠슨 황은 한 강연에서 실패를 받아들이는 태도에 대해 이같이 말했다.

"대다수 사람들이 실패하는 것을
싫어합니다. 그래서 우리는
실패에 대한 인내심을 키울 수 있는
분위기를 만들기 위해 노력했습니다.
위험 요소를 정확히 측정하기 어려운 일을
시도할 때 성공하는 사람들도 있지만,
대다수는 성공하지 못합니다.
또한 CEO들은 직감을 따른다고 해도
직원들이 이를 알아채고 바로 실행하기는
어렵습니다.
따라서 어떻게 빠르게 실패하고,
막다른 길이라면 그 상황을 알자마자
방법을 바꾸도록 하는 태도를 배우는 것이
굉장히 중요합니다." [5]

값비싼 대가를 치르지 않고 빠르게 실패하는 것은
엔비디아가 권장하는 방식이다. 실패를 겪더라도 이를 빠
르게 인지하고 돌이킬 수만 있다면 오히려 조직 전체에
는 값싸게 배움의 비용을 치를 수 있다. 하지만 실패를 바
로잡을 수 있는 '골든 타임'을 놓친다면 실패의 대가는 돌

이킬 수 없이 커진다는 생각에서다.

엔비디아 초창기에 실패에 대한 태도를 확고히 정립하게 된 계기가 있다. 2003년으로 거슬러 올라가 보자. 당시 게임용 그래픽카드에 '올인'하던 엔비디아에게 중요한 국면이 펼쳐지고 있었다. 1999년에 최초의 CPU로 꼽히는 지포스 256을 출시한 뒤, 후속작인 지포스 2를 선보이며 압도적인 가성비로 엔비디아의 제품을 각인하는 데 성공했다. 그로 인해 한때 엔비디아의 입지를 위협한 강력한 경쟁사였던 '부두' 그래픽카드의 개발사 3dfx는 가성비에서 경쟁 우위를 잃고 경쟁에서 밀려나 파산했다.

이후 3dfx를 인수하면서 엔비디아는 새로운 주력 상품이 될 만한 제품을 내놓기 위해 분주히 움직였다. 엔비디아가 선택한 제품은 NV30 아키텍처 기반의 지포스FX 5800이었다. 문제는 경쟁작이었던 ATI테크놀로지스(이하 'ATI'로 지칭함. ATI는 이후 AMD에 인수되면서 역사 속으로 사라졌다)의 라데온Radeon 9700 시리즈와 승부를 보기 위해 성능을 끌어올리는 과정에서 무리수를 뒀다는 것이다. 제품의 발열 문제를 개선하기 위해 'FX 플로'라는 냉각 장치를 썼는데, 도리어 이것이 최악의 선택이 되고 말았다. 헤어드라이어를 연상케 하는 디자인에, 백색 소음으로 여기기도 힘든 수준으로 소음이 심했다.

결국 지포스FX 5800이 나오자마자, 이 제품에 대한 리뷰는 모두 FX 플로의 괴상한 생김새와 80데시벨에 가까운 소음으로 도배됐다. 이 제품은 당시 최악의 GPU로 꼽히며 사용자들 사이에서 희화화돼 밈으로 곤욕을 치르기도 했다. 지포스FX 5800의 흥행 실패뿐만 아니라 차기 라인업의 신뢰도까지 좌우할 수 있는 문제였다.

당시 젠슨 황은 직원 수백 명을 소집한 자리에서 이른바 '실패 공유 프레젠테이션'을 열었다. 실패작이 된 지포스FX 5800의 제품 개발에 이루어진 모든 선택의 과정을 하나하나 공유하는 자리였다. 이 자리의 발표자는 해당 제품 개발 매니저였다. 충분히 치욕스러울 수 있는 자리지만, 애초에 프레젠테이션의 목적이 달랐다. 실패를 탓하는 자리가 아닌 실패에서 배우는 자리였다. 그러니 우물쭈물하거나 위축될 필요도 없고, 기꺼이 실수를 인정하는 태도와 잘못된 결정을 반복하지 않기 위해 실패를 나누는 것이 취지였다.

모두가 꺼릴 법한 '실패 프레젠테이션'이 부작용 없이 진행될 수 있는 가장 큰 전제는, 실수의 원인을 파악하는 것은 비난을 위한 것이 아니라는 데 있다. 실제로 별도의 문책도 없다. 오히려 실패 프레젠테이션 과정에서 인사이트를 얻은 부분을 반영해 '미세 조정'을 거치고, 필요하면 과감히 방향을 틀어 진짜 실패를 방지하는 데 있다. 만약 실패하더라도 그 과정에서 배움을 얻는다면 진짜 실패가 아니라는 것을 직원들에게 항상 인식시킨다. 진짜 실패는 실수나 문제를 깨닫더라도, 이를 자존심이나 타인의 평가 때문에 바로잡지 않아 올바른 방향을 찾아갈 수 있는 기회를 놓칠 때 발생한다.

젠슨 황은 '실패는 반드시 공유돼야 한다'는 생각을 철칙으로 삼고 있다. 동전의 양면처럼 '누구도 홀로 실패하지 않는다'고 생각하기 때문이다. 규칙을 크게 내세우지 않는 엔비디아지만 창립 초기부터 실패를 공유하는 프레젠테이션을 하나의 의례처럼 비중 있게 다루고 있다. 실패를 인정하는 것은 누구나 어려운 일이기 때문이다. 게다가 실패한 내용을 많은 직원들이 보는 가운데 하나하나 복기하며 되새김질한다는 것은 큰 용기가 필요한 일이다.

이후 엔비디아는 이 악명 높은 실패작을 두고 '셀프 디스' 영상을 올려 한 차원 다른 실패 대처법의 새로운 모델을 선보였다.[6] 이 영상에서는 시간을 거슬러 2002년 말, 개발과 마케팅을 담당하는 직원들이 머리를 맞대고 아이디어 회의를 진행하는 모습이 나온다. 출연자들은 실제 개발과 마케팅을 담당했던 사람들이다. 이 직원들은 들떠서 '지포스FX' 시리즈는 역사상 가장 성능이 좋은 GPU이므로, 이에 맞는 쿨링 시스템이 필요하다며 직원들 저마다 아이디어를 보탠다.

　한 직원은 지포스FX 5800이 GPU계의 할리데이비슨이 될 것이라면서 할리데이비슨 같은 소음을 내는 것이 어떠냐를 두고 갑론을박한다. 이어서 이 직원들은 실제로 그 소음을 커피머신 소리부터 치과의 기계 장치 소리, 헤어드라이어 소리, 심지어 낙엽 송풍기 소리 등에 빗대며 테스트를 계속한다. 직원들은 미국인들이 가장 난색을 표하는 소음 중 하나인 잔디 깎기 작업 전에 낙엽을 날리는 송풍기 소리를 내기 위해 송풍기에 실제로 소음의 근원이었던 FX 플로를 매달아 밈을 다시 재창작하기도 했다. 악명 높은 제품의 소음으로 고생한 사용자들을 위한 일종의 헌정 영상인 셈이다. 실패를 웃음으로 승화했지만, 다시는 이 같은 실수를 반복하지 않겠다는 직원들의 뼈를 깎는 각오가 담겼다.

　이 같은 어려움을 딛고 엔비디아는 뒤이어 NV35 아

키텍처 기반의 지포스FX 5900을 출시했다. 이 제품은 메모리 대역폭을 크게 향상하는 동시에, 냉각팬과 방열판 디자인을 바꿔 소음을 크게 줄여 다시 선두의 발판에 설 수 있게 됐다. 지나간 실패를 빠르게 인정하고, 이를 바탕으로 개선책을 제시해 실패를 반복하지 않았다는 경험이 엔비디아로서는 집단적인 큰 자산이 됐다.

이 이야기는 실패는 인정하면 교훈이 되지만 덮어놓고 회피하면 잠재적인 위협 요소가 된다는 것을 직접 보여주는 사례다. 실리콘밸리 벤처캐피털 생태계에서도 이와 비슷한 사례는 종종 관찰된다. 벤처캐피털 분야에서 가장 큰 실패는 무엇일까. 사실 투자해서 돈을 잃는 것보다 더 큰 실패는 투자하지 않아서 커다란 수익을 놓치는 일이다. 행동한 뒤 실패의 결과를 받아들이는 것보다 마땅히 해야 할 일을 하지 않아 벌어지는 실패를 더욱 심각하게 바라보는 것이다. 투자 요청을 받은 뒤 거절했으나, 이후 다른 곳에서 투자를 받아 크게 성공한 스타트업들의 명단을 일종의 명예의 전당처럼 공식 홈페이지에 새겨넣은 벤처캐피털도 있다.

예를 들어 미국 샌프란시스코에 본사를 둔 베세머벤처파트너스Bessemer Venture Partners 홈페이지에는 '안티 포트폴리오Anti portfolio'라는 독특한 페이지가 있다. 이 페이지에서는 "만약 이 기업들에 투자했다면, 우리가 지금처럼 이 일을 하지 못했을 수도 있다"라며 웃지 못할 농담을 기꺼이 던진다. 이곳에 우표 수집하듯 모아둔 로고에는 애플, 페이스북, 구글, 에어비앤비, 인텔, 줌 등과 같이 '헉' 소리 나는 유명 기업들이 포진해 있다.

이 기업 리스트를 공개하는 이유에 대해 데이비드 카원David Cowan 베세머벤처파트너스 파트너는 이같이 설명했다.

**"자신의 실수를 고백하지 못한다면
어떻게 더 나아질 수 있겠습니까?
'안티 포트폴리오'의 존재 자체가
같은 실수를 반복하지 않도록
도와줍니다."**

현재 엔비디아는 약 3만 명의 직원을 보유한 기업이 됐고, 회사 제품의 복잡성은 과거와 견줄 바가 되지 못한다. 그로 인해 이전처럼 대규모로 모여 실패를 공유하는 자리는 흔하지는 않다. 하지만 매 순간 업무의 프로세스에서 이전 결정의 실패와 잘못된 선택을 검토하고, 그로부터 얻은 교훈을 새로운 시도에 적용하는 방식을 여전히 채택하고 있다. 실패 프레젠테이션 대신 상시적인 '체크리스트'로 직원들의 잠재의식 속에 중요한 판단 기준으로 심어두는 것에 가깝다.

"회사 규모가 커지다 보니,
대규모로 실패에 관한 회의를 하는 경우는
최근 몇 년 사이에는 사라졌어요.
하지만 자연스럽게 실패의 이유를
찾아내고, 그 과정에서
교훈을 반영하는 과정이
업무에 녹아들어 있는 것 같아요.
이슈는 매번 발생할 수밖에 없는데
불필요한 데 에너지를 낭비하기보다는
이유를 명확히 분석하고,
다음에 어떻게 개선할 것인가를
끝까지 파고드는 업무 태도가
자리 잡아 있어요."[7]

다만 명심할 것은 그 과정에서 이슈를 축소하거나, 본질과 무관한 요인을 핑계 삼거나, 특정 인물에게 책임을 지워 비난하지 않는 것이다. 명확히 이유를 분석해 다음에 어떻게 개선할 것인지를 고민해봐야 한다는 것이다. 항상 전작에 비해 어떤 요소를 발전시킬 것인지에 집중하는 것이다.

　　'AI 4대 천왕'으로 꼽히는 앤드류 응 스탠퍼드대학교 교수는 2024년 7월 내한 당시 필자와 대화를 나눈 자리에서 엔비디아만의 차별성을 묻자, 가장 먼저 젠슨 황을 꼽았다. 응 교수는 일찍이 2009년 〈그래픽 처리장치를 통한 대규모 비지도 학습Large-scale Deep Unsupervised Learning using Graphics Processors〉이라는 논문으로 주목을 받은 바 있다. 그는 논문에서 GPU를 활용하면 비지도 학습(정답 없이 데이터를 학습하는 방식)이 얼마나 빨라질 수 있는지에 관해 그간의 연구 성과를 발표했고, 이후 엔비디아와 협력해 데이터센터를 구축하는 등 공동 프로젝트를 운영하면서 젠슨 황과 막역한 사이가 되었다.

　　응 교수는 엔비디아 조직 문화의 핵심에는 젠슨 황이라는 존재가 있다고 강조하며, 다음과 같이 덧붙였다.

"젠슨 황이 문제를 바라보고
해결하는 방식이 엔비디아만의
특별한 조직 문화를 형성했습니다.
엔비디아의 독특한 문화를 이루는 데
'젠슨 황'이라는 창업자의 존재가
절대적이었습니다."

# 메타인지 능력:
## 무엇을 알고 무엇을 모르는가

이미 발생한 실패 외에도 향후 실패의 위험을 어떻게 판단할까. 엔비디아에서는 자신이 무엇을 알고 모르는지를 정확히 판단할 수 있는 자세를 높이 평가한다. 사실 엔비디아뿐만 아니라 많은 실리콘밸리 기업 사이에서는 일종의 메타인지에 해당하는 '자기 인식'이 직원 채용에서 중요한 요소로 꼽힌다.

구체적으로는 어떤 부분이 있을까. 우리나라 기업의 경우 기업 채용에 참여해 지원서를 쓰다 보면, 특정 분야별로 숙련도를 스스로 평가하도록 하는 항목이 있다. 그렇지만 대개는 요식 행위에 그칠 뿐이다. 영어 회화를 예로 들면 보통 주관적 평가로 '상Excellent'에 표기한다고 해도, 이를 검증해서 면접자의 인식 수준과 실제의 격차를 파악하는 도구로 삼지 않기 때문이다.

그러나 실리콘밸리에서 이 '격차'는 당락을 가를 수 있는 요소가 될 뿐만 아니라 향후에 합격해 일하게 되더라도 고용 중단에 영향을 미칠 수 있다. 이를테면 개발자들을 채용할 때 프로그래밍 언어인 파이썬, C++, 자바 등과 같은 사항을 나열하고 숙련도를 체크하도록 한 뒤, 이를 테스트했을 때 실제 수준과 차이가 있으면 평가에 있어 적신호가 켜진다. 자신이 무엇을 모르는지 정확히 아는 사람은 학습 효과도 빠르고 성장할 여지가 크다. 하지만 그렇지 않은 경우 성장 가능성이 낮을 뿐만 아니라 조직의 잠재력에 나쁜 영향을 끼칠 수 있다는 판단에서다. 만약 채용에 합격했더라도 일하는 과정에서 그 격차가 발견될 경우, 해당 격차를 줄이지 못하면 회사를 오래 다니기는 어렵다.

이것은 인지 편향 가운데 하나인 '더닝 크루거 효과Dunning-Kruger Effect'와도 관련이 있다. 더닝 크루거 효과는 특정 분야에서 전문성이 떨어지는 사람일수록 자신의 지식이나 능력을 과대평가하는 경향을 의미한다. 자신이 모르는 영역이 많은 사람이 실제로 자신이 무엇을 모르는지 파악하기가 어렵기 때문에 발생하는 현상이다. 이 인지 편향은 타인에 대한 평가에도 적용되는데, 아는 것이 적은 사람일수록 자신의 능력은 과대평가하면서 상대적으로 다른 사람의 능력은 낮춰 평가하는 경향성이 관찰된다.

이러한 더닝 크루거 효과에 해당되는 직원이 많거나 이를 용납하는 조직 문화가 있으면, 대개 해당 조직은 '독성적인 문화'를 갖게 된다. 고위 경영진으로 올라갈수록 아는 것이 적음에도 자신이 관할하는 분야를 두루 알고 있다고 판단해 장님이 코끼리를 만지는 격으로 '편향적인 의사결정'을 내릴 수 있는 것이다. 동시에 신입 직원이나 주니어급 직원의 경우는 자신이 특정 영역에서 '블라인드 스팟'을 제대로 알지 못하면 성장에 대한 동기부여가 떨어질 가능성이 높다. 이 때문에 실제 나의 능력과 내가 생각하는 나의 능력에 대한 격차를 줄이는 것이 조직의 장기적인 성장 잠재력을 가르는 요인이 된다.

젠슨 황은 한 강연에서 자기 인식에 관해 이같이 설명했다.

"우리의 경우 기업 문화는
'지적 정직함'에 관한 것입니다.
우리에게 지적 정직함이란
'자기비판'적인 능력이 있다는 것을
의미합니다.
우리가 실수를 저질렀다는 것을 인식할
수 있는 능력이 있다는 것을 의미합니다.
무언가를 하지 않으면 경쟁에서
불리해질 수 있다는 사실을 인식하는
능력이 있다는 뜻이기도 합니다.
기업의 리더로서
직원들이 비판을 받아들일 수 있는 능력,
다시 말해 자신이 세계 정상의 위치에
있지 않다는 것을 알고,
끊임없이 위협받고 있다는 것을
인식하는 태도가 중요합니다."[8]

더불어 리더인 젠슨 황 스스로도 완벽하지 않고 언제든 실수할 수 있다는 사실을 직원들에게 주지시키는 것도 독특하다.

"많은 사람들이 CEO는 항상 옳고,
CEO가 한번 결정하면 생각을
바꾸지 않을 것이라고 생각합니다.
하지만 이는 제게 해당되지 않는
이야기입니다. 특히 우리가 어떤
회사가 되고 싶은지에 대한 '제1원리'에
위배된다면 예외는 없습니다.
매번 우리가 세운 가정이 옳은지
주기적으로 점검하고 평가합니다.
만약 잘못된 결정이라고 생각하면,
곧바로 생각을 바꿉니다." [9]

누구나 어느 순간에는 잘못된 결정을 할 수 있고, 이 것은 CEO인 자신마저 예외가 아니라는 점을 강조하는 것이다. 무엇보다 젠슨 황은 잘못된 결정을 늦기 전에 바로잡는 것, 이를 위해 때로는 창피함과 두려움도 내려놔야 한다는 것을 직원들에게 몸소 행동으로 보여주곤 한다. 리더로서 이런 태도는 조직이 실수를 인정하는 동시에, 빠르게 방향 전환을 가능하게 한다.

엔비디아의 한 직원은 젠슨 황의 솔직한 면모에 대

해 이렇게 술회했다.

"2007년 CES(국제전자제품박람회)에 다녀왔을 때, 우리가 열심히 준비해서 진입하려고 한 제품이 이미 전시된 것을 발견했어요. 우리는 2년 뒤쯤에 내놓으려고 했는데 말이에요. 그러자 바로 다음 주 월요일에 젠슨 황이 회의를 소집해서 우리의 프로젝트 그룹이 해산하고, 각 인원은 다른 비즈니스 부문으로 가게 된다고 통보했어요. 그러면서 이렇게 이유를 설명하더라고요. '매일 아침 일어날 때마다, 나는 거울을 보면서 내가 내린 결정의 핵심 전제가 여전히 타당한지를 살핍니다. 그렇지 않다 싶으면 곧바로 바꾸는 것도 제 일입니다.'"[10]

책의 앞부분에서 엔비디아의 정체성을 결정한 사건으로, 지난날 3D 그래픽의 렌더링 표준을 사각형으로 삼았다가 '삼각형'으로 바꾸게 된 사건을 소개한 바 있다. 이때 3D 그래픽카드에 도전장을 내민 쪽은 엔비디아였다. 한두 해 차이로 사업을 시작한 후발 주자들은 이미 모두 삼각형 표준을 선택했고 대세는 기울어진 뒤였다. 이 같은 상황에서 엔비디아는 기존 아키텍처인 NV2로 게임 회사인 세가와의 계약을 따냈는데, 이 계약을 위해 1년 동안 제품을 개발하던 중 자사가 기술마저 타사에 비해 조악하다는 결론을 얻었다. 게다가 당시 회사의 자금 사정이 극히 어려워 운영을 지속할 수 있는 기간이 6개월 정도밖에 남지 않은 상황이었다. 세가로부터 받은 계약금 500만 달러면 그동안 버틸 수는 있겠지만, 그로 인해 세가와의 계약을 무를 수도 없고, 계약을 계속 진행할 수도 없는 진퇴양난의 기로에 서 있었다.

이때 젠슨 황은 자존심을 내려놓고, 솔직하게 실패를 받아들이고 차라리 부끄러워지는 쪽을 택했다.

**"우리가 표준으로 삼았던 방식은 시장의 표준과 다른 방식으로 가고 있었습니다. 이 때문에 NV2로 개발을 계속해 납품하면, 회사는 경쟁 업체로부터 1년 이상 뒤처질 수밖에 없는 상황이었습니다. 그러면 결국 회사는 파산할 수밖에 없습니다. 만약 계약 파기에 대한 불이익 없이 500만 달러를 원래대로 세가에서 건네준다면, 회사는 남은 6개월 동안**

새로운 활로를 모색할 수 있었습니다."[11]

절체절명의 위기의 순간에서 젠슨 황이 택한 방식은 솔직하게 그 진정성으로 상대의 마음을 움직이는 일이었다. 결국 당시 세가 회장은 숙고 끝에, 다른 기업과 계약하고, 500만 달러는 그대로 엔비디아에 지급했다. 이 세기의 담판에서 이리마지리 쇼이치로入交昭一郎 당시 세가 CEO가 아무 조건 없이 500만 달러를 준 이유는 지금도 미스테리로 남겨져 있다. 다만 단순히 젠슨 황의 진실성 때문이 아니라 절박한 의지에서 피력한 간청이었기에 가능한 부분이었을 것으로 추측된다. 이 시기에 엔비디아는 세가로부터 500만 달러를 확보할 수 있었지만, 이 상황을 파산 기한 연장으로 가지 않기 위해 절박한 선택을 실행하고, 회사의 모든 역량을 집중했다. 회사를 살리기 위해 할 수 있는 모든 행동을 실행에 옮긴 것이다.

첫 번째는 문제가 된 NV1 칩을 폐기했다. 업계의 표준을 따르기로 한 것이다. 훗날 엔비디아의 공동 창업자인 크리스 말라초프스키Chris Malachowsky는 이 사건에 대해 다음과 같이 떠올렸다.

**"남들과는 다르다는 자부심과
독보적인 기술력에 대한
자신감이 있었기에,
오히려 회사가 방향을 전환하는 것은
전략적으로도 문화적으로도
어려운 결정이었습니다.
하지만 따라잡기 위해
그런 기존의 태도를 내려놓은 것이죠."** [12]

두 번째는 더욱 어려운 결정이었다. 생존을 위한 기업의 자금 여력을 조금이라도 길게 지속해 후일을 도모하고자 당시 전체 직원 110명 가운데 60퍼센트가 넘는 70명을 해고해야 했다. 젠슨 황은 기업과 직원 둘 중에서 어느 것 하나 포기할 수 없는 상황이었지만, 결국 쓰라린 선택을 할 수밖에 없었다. 자신의 비전을 믿고 따라온 직원들을 해고하는 것은 너무도 큰 고통이었다. 그는 다시는 이런 사태를 반복하지 않겠다는 절박함을 뼈에 새겼다.

이 일을 교훈 삼아 각고의 노력으로 기업을 운영한 결과, 2022년 하반기에서 2023년 상반기에 테크 업계를 둘러싼 대규모 인원 감축이 있었을 때도 엔비디아는 대량 해고의 무풍지대로 꼽혔다. 당시의 경험을 두고 이후 젠슨 황은 본격적으로 사람을 구해야 할 때 레이오프로 좋은 사람들을 잃은 것이 너무도 뼈아팠다고 직원들에게 자신의 생각을 전했다.

과거 엔비디아의 정체성을 바꾼 크나큰 경험은 자체 기술력에 관한 판단보다 시장의 반응이나 고객의 피드백에 더 예민한 촉수를 세우고 이를 근거로 한 판단이었다. 절대적으로 좋은 제품이나 완벽한 제품이 있는 것이 아니라, 계속해서 방향 전환하며 최적의 요구를 만족하는 제품이어야 생존할 수 있다는 생각이었다. 실패에서 배우는 태도에 대해 젠슨 황은 이같이 말했다.

"혁신은 실험을 필요로 합니다.
실험은 탐험의 여정을 필요로 하고요.
탐험은 실패로 귀결될 수밖에 없어요.
'실패에 대한 역치'가 낮다면,
당신은 결코 실험하지 못할 것입니다.
그러면 혁신도 성공도 없어요.
그저 그렇게 살게 될 뿐입니다."[13]

엔비디아의 끊임없는 피벗의 원천은, 결국 그 모든 시작에는 '베타(시험) 버전'이 있다는 것을 전제로 하는 것이다. 그로부터 새롭게 시도하고, 그것이 완벽하지 않더라도 결과를 내놓는 것을 꺼리지 않는 것이다. 보통 정상의 위치에 있으면 완벽주의에 대한 기대치로 인해 남들보다 자기 자신을 가혹하게 평가하는 경향이 있다. 하지만 높은 기대치는 때로 실패에 대한 두려움을 크게 불러일으켜 어떤 시도조차 하지 못하게 만들기도 한다. 정상에 오른 기업들이 더 이상 혁신하지 못하는 딜레마도 이 같은 지점에서 생겨난다. 과거에 이루어낸 성공 방정식에 집착한다거나, 후발 주자로 나서 새롭게 시작해야 하는 분야에 도전하는 것을 꺼리게 된다.

하지만 엔비디아는 정상에 오르기 전에도, 최정상의 자리에 선 지금도 기대치를 기꺼이 내려놓는다. 기업이 방심할 여지가 있는 부분을 사전에 차단하는 동시에, 항상 절박할 수 있는 태도로 역할하려 한다.

젠슨 황은 기대치가 성공을 방해할 수 있다며 이같이 털어놓은 바 있다.

**"제 큰 장점 가운데 하나는**

기대치가 높지 않다는 것입니다.
오히려 낮은 편에 속하죠.
스스로에 대해 기대치가 높은 사람은
회복력(회복탄력성)이 낮은 경우가 많고,
실패에 적응하거나 실패할 준비가
되어 있지 않습니다.
하지만 안타깝게도 회복력은 성공에 있어
매우 중요합니다.
회복력을 배울 수 있는 방법은 모르겠지만,
여러분을 위해서라도
고난을 경험해 봤으면 좋겠다는
것입니다." [14]

회복탄력성을 개인의 삶에 중요한 요소로 여기는 젠슨 황은 이 같은 자신의 강점을 녹여 리더로서 조직 내 문화로 만들었다. 그런 까닭에 엔비디아 내에서도 '고통과 고난'이라는 표현을 긍정적으로, 유쾌하게 사용하는 편이다. 그는 기대치를 낮추는 것이 오히려 도전을 회피하지 않는 데 도움이 되고, 도전적인 상황에 맞서는 경험이 앞으로의 성공을 위한 주춧돌의 경험이 돼준다고 생각한다.

　따라서 오늘도 여전히 그는 고삐를 쥔다. 압도적 우위에 있지만 언제라도 실패할 수 있다고 여기기 때문이다. 이런 생각은 엔비디아가 기대치를 낮추고 후발 주자와 같은 자세로 계속해서 도전을 감행하는 요인이 된다. '백 자나 되는 높은 장대 위에 위태롭게 서 있는 상황에서도 또 한 걸음 나아간다'는 뜻의 '백척간두 진일보百尺竿頭進一步'를 실천하는 최정상의 엔비디아가 더욱 두려운 이유다. 이 글을 쓰고 있는 동안에도 엔비디아는 외부적으로 부침을 겪는 것처럼 보였지만 꾸준히 나아갔고, 시장의 반응도 결국에는 호의적으로 돌아섰다.

　엔비디아는 스스로를 넘어서는 경쟁을 계속 해내고 있다. GPU로는 나노 단위의 싸움으로 성능 개선을 이루고 있는 동시에, 문화적으로는 지적 정직함의 가치에 따라 인적 오류에 의한 실패를 최소화하고 있다. 실패에 대한 골든 타임을 놓치지 않기 위해 조직의 실패에 대한 열린 태도를 문화적으로 구축했다. 결과적으로 지적 허영심과 가장 대척점에 서 있는 '지적 정직함'을 컬처 핏으로 내세워 회복탄력성 강한 조직을 구축했다.

오늘날 엔비디아는 반도체 업계는 물론 AI 업계 전반을 통틀어 가장 강력한 영향력을 행사하는 기업이 되었다. 그럼에도 늘 민첩하게 움직일 수 있는 이 '작은 대기업'의 밑바탕에는 지적 정직함이라는 탄탄한 코어 근육이 자리하고 있다. 이는 앞으로도 엔비디아라는 제국의 가장 강력한 문화 코드가 될 것으로 보인다.

우리에게 지적 정직함이란
'자기비판'적인 능력이
있다는 것을 의미합니다.
우리가 실수를 저질렀다는 것을
인식할 수 있는 능력이
있다는 것을 의미합니다.
무언가를 하지 않으면
경쟁에서 불리해질 수 있다는
사실을 인식하는 능력이
있다는 뜻이기도 합니다.

기술 중심의 피드 리더십

_Huang's
_Leadership

3장

한동안 실리콘밸리 슈퍼히어로의 시그니처 아이템은 애플의 창업자 고故 스티브 잡스의 검은 터틀넥 니트가 정설이었다. 리바이스 청바지에 특유의 호리호리한 몸을 강조하는 검은 터틀넥을 입은 그가 무대에서 "한 가지 더One more thing"를 외치며 열정적으로 프레젠테이션하는 모습은 많은 사람들에게 영감을 주는 창업가의 표본으로 각인되어 있다.

실제로 잡스가 얇은 서류 봉투에서 맥북 에어를 꺼내거나, 손끝의 터치로 아이폰을 부드럽게 작동시키는 모습 등과 같이 다채로운 연출로 제품 시연을 할 때면 청중은 그에게 완전히 빠져들었고, 언론은 열렬히 환호했다. 동시에 카리스마 넘치는 그의 발언은 곧 우리의 삶을 이전과 다른 상태로 만드는 '비가역적 혁신'의 상징 자체였다.

검은 터틀넥에 대한 향수는 잡스가 세상을 떠난 뒤에도 살아남았다. 페이스북(현 메타) 창업자 마크 저커버그의 회색 반팔 티셔츠나 아마존 창업자 제프 베이조스의 검은 조끼도 이 아성을 떨치기는 어려웠다.

검은 가죽 재킷의 사나이, 젠슨 황(출처: 저자 제공)

　　이렇듯 검은색 터틀넥 니트의 강력한 잔상이 남겨진
자리에, 최근 그의 영향력에 비견될 만큼 혁신적인 리더
십으로 주목받는 검은색 "가죽 재킷의 사나이"[1]가 등장
했다.

# 일은 까다롭게,
# 소통은 투명하게

몸에 딱 붙는 어두운색의 반팔 티셔츠와 검은색 바지, 그리고 그의 시그니처로 대표되는 검은 가죽 재킷은 엔비디아 창업자 젠슨 황의 '유니폼'이다. 사실 파타고니아Patagonia 조끼의 지퍼를 반쯤 내리면 안쪽 티셔츠에 회사 로고가 살며시 드러나는 것이 출근복의 미덕인 실리콘밸리에서 그의 옷차림은 과하게 느껴질 수 있다. 헬멧만 쓰면 당장 오토바이 라이딩에도 문제가 없을 강렬한 차림새다.

하지만 엔비디아의 리더로서 젠슨 황의 이미지를 완성시키는 것은 무엇보다 그의 수더분한 웃음이 자아내는 소탈한 인상이다.

2016년 6월, 젠슨 황은 소셜 미디어 플랫폼 레딧Red-dit의 '무엇이든 물어보세요(Ask Me Anything, 이하 AMA로 지칭함)' 행사에 등장해 이용자들에게 자신을 이렇게 소개했다.

**"저는 엔비디아의 CEO 젠슨 황입니다.**
**아마 여러분은 저를**
**세 번씩 강조하는 '가죽 재킷의 사나이'로**
**더 잘 알 수도 있을 거예요."**

여기서 "세 번씩 강조한다"는 말은 젠슨 황의 프레젠테이션 스타일을 의미한다. 이제는 젠슨 황이라는 이름이 전 세계 매체를 도배하고, 테크 기업의 거물 가운데 가장 언급량이 많아졌음에도 그는 여전히 가죽 재킷 패션을 고수한다. 물론 여러 개의 기업을 직간접적으로 경영하는 데다가, 연일 논란을 일으켜 구설수가 끊이지 않는 일론 머스크 테슬라 CEO는 예외로 하겠다. 실제 구글 트렌드에 따르면, 미국 내 젠슨 황과 일론 머스크의 검색량은 오픈AI OpenAI의 챗GPT가 출시되기 직전인 2022년 11월만 해도 1 대 28의 비율이었지만, 2024년 6월 기준으로는 1 대 6 정도로 격차가 좁혀졌다.

젠슨 황의 존재감이 날로 커지는 가운데 코로나19 팬데믹 이후 5년 만에 오프라인으로 재개된 엔비디아의 최대 개발자 행사인 'GTCGPU Technology Conference 2024'는 그의 영향력을 재차 확인할 수 있는 무대였다. 이 행사 기간에 진행된 기자 간담회에서 젠슨 황은 전 세계에서 온 수백 명의 취재진에게 열띤 질문 세례를 받았다. 이날 잇따른 질문과 답변이 오가던 중에 젠슨 황은 질문한 기자가 보이지 않는다며 연단을 내려와 수십 미터 떨어져 있는 해당 기자에게 다가가 눈을 맞추며 질문에 답하기도 했다. 대중과의 소통을 위한 이 거침없으면서도 친근한 모습은 많은 사람들에게 깊은 인상을 남겼다. 흥미로운 점은, 잡스가 하나의 프레젠테이션을 위해 완벽에 가까운 리허설을 거쳤다면, 젠슨황의 프레젠테이션은 리허설에 별도의 시간을 할애하지 않고 애드립에 가까울 정도로 즉흥적으로 진행된다는 것이다.

생성형 AI가 화두로 떠오르면서 더욱더 많은 테크 기업이 개발자 행사에 주요 인사로 젠슨 황을 초대하고, 그가 자리를 빛내주기를 바란다. 젠슨 황의 커다란 영향력을 신뢰할 뿐만 아니라 그가 반드시 행사를 의미있게 만들어줄 것이라는 믿음이 크기 때문이다. 공적인 자리에서도 늘 웃음을 잃지 않으며 겸손한 태도로 소통하는 동시에, 상대방이 듣고 싶어 하는 말과 해야 할 말 사이에서 완벽한 곡예를 펼치는 그의 모습은 친근감을 넘어 남다른 스타성을 보여준다.

이는 주로 프레젠테이션을 통해 무대 위에서 비전을 전하거나, 제품을 발표할 때 외에는 극도로 대중 노출을 꺼렸던 스티브 잡스와는 매우 다른 모습이다. 잡스는 생전에 미국 워싱턴 D.C.에서 진행되는 백악관 행사는 물론 다른 테크 기업의 행사에도 발걸음을 하는 일이 드물어 범접할 수 없는 천재 창업자의 이미지로 남았다. 지금껏 알려진 잡스의 개인적인 일화들은 애플 본사에서 진행된 추모 행사에서 크리에이티브 디렉터였던 조니 아이브Jony Ive 등 절친했던 몇몇 인물들이 공개한 것이 처음이자 전부였다.

그에 비하면 젠슨 황은 엔비디아가 세계에서 가장 강력한 기업으로 성장했음에도, 여전히 대중이나 언론과의 자리에 개방적이고 제한을 두지 않는 행보를 보여 친근감을 주는 창업자라는 인식이 확대되고 있다.

하지만 젠슨 황이 엔비디아 조직 내에서도 시종일관

유머러스하며 온화한 모습으로만 직원들을 대할 것이라고 넘겨짚는다면 큰코다치기 쉽다. 일단 일이 관련되는 순간, 그는 완벽주의자로 변신해 '가차 없음'을 몸소 실천하기 때문이다. 누구보다 까다롭게 점검하고 질문하며, 목표가 이루어지지 않을 경우에는 '피드백'을 확실히 전한다. 그 과정에서 종종 평정심을 잃고 감정을 표출하기도 한다. 수십 명이 참여한 회의에서 그가 화를 내는 광경을 목격한 사례도 부지기수다. 그가 직설적으로 거침없이 피드백을 전하며 최대치의 성과를 주문하는 모습은 까다롭기로 소문난 잡스의 모습과도 겹친다.

CBS의 프로그램 〈60분60 Minutes〉에서 진행자 빌 휘태커Bill Whitaker가 젠슨 황과의 대담 중에 "당신이 같이 일하기 어려운 사람이라는 이야기가 있습니다"라고 언급하자, 그는 웃음기를 뺀 단호한 어투로 이렇게 말했다.

"동의합니다. 정말 예외적으로
특별한 일을 이루고 싶다면
절대 쉬울 수도 없고,
쉬워서도 안 됩니다."

    젠슨 황과 관련한 직간접적인 수많은 인터뷰와 일화들을 고려해볼 때, 그는 분명 같이 일하기 쉬운 사람은 아니다. 하지만 누구나 인정하는 기술 업계의 혁신적인 리더로서, 모두가 그와 함께 일하고 싶어 하며 소통하기를 원한다. 그가 모든 일에 기꺼이 시간을 내어 함께 머리를 맞대고 도전하는 모습이 다른 사람들에게 영감을 불러일으키기 때문이다. 일 앞에서는 엄격하고 가차 없지만, 동시에 직원들과 수평적인 소통을 위해 노력하는 신뢰할 수 있는 리더임은 틀림없다.

# 위계 없애기

.........................................................

**"저의 리더십 팀은 60명 이상이고,
이들 모두에게 직접 보고를 받습니다."**

60명이라는 놀라운 숫자는 젠슨 황이 2024년 5월 스
트라이프Stripe의 창업자이자 CEO인 패트릭 콜리슨Patrick
Collison과의 대담에서 직접 언급한 것이다. 대담자인 콜리
슨뿐만 아니라 실리콘밸리의 기업가, 심지어 엔비디아 직
원들조차 그 숫자에 놀라워했다. 〈하버드비즈니스리뷰〉
가 2012년 조사한 바에 따르면 포춘 500대 기업 CEO들
이 직접 보고를 받는 인원의 수는 평균 9.8명이었으니, 놀

라는 것도 무리는 아니다.

엔비디아 창업 10년 차인 2003년, 젠슨 황은 스탠퍼드대학교에 강연자로 초대받아 학생들로부터 리더십 스타일과 CEO의 시간 관리법에 관한 질문을 받았다. 이에 대해 그는 아침에 눈을 뜬 순간부터 잠드는 순간까지 일하며, 직원들과 소통하는 데 가장 많은 시간을 쓴다고 답했다. 최대한 많은 직원들로부터 직접 보고를 받는다는 것이다.

2003년 당시 엔비디아의 직원 수는 약 1,500명이었다.[2] 최근 챗GPT로 화제의 중심에 서 있는 오픈AI와 비슷한 규모로, 노력만 하면 최대한 많은 직원들과 접점을 만들 수 있는 숫자였다. 그로부터 20년 사이에 직원 수는 20배(2024년 9월 기준 약 3만 명) 가까이 늘어 정점을 찍고 있지만, 여전히 젠슨 황은 수십 명 이상의 직원들로부터 직접 보고를 받고 있다.

스티브 잡스는 소수의 'A급 직원들'과만 교류했으며, 그 외의 직원들과는 직접 소통하는 자리를 극히 제한했다. 사실 잡스뿐만 아니라 실리콘밸리의 많은 CEO들은 통상 매니지먼트팀이나 이그제큐티브 리더십Executive Leadership 등으로 불리는 소수의 고위 경영진에게만 직접 보고를 받는다. 또한 이 같은 보고하는 팀의 구성원은 10명 남짓에 불과하다.

실리콘밸리의 테크 기업들은 채용이나 인재 영입 과정에서 '누구에게 보고하는가'를 중요하게 다룬다. 기업의 조직도상에 개인의 위치를 확인할 수 있는 가장 확실한 지표이기 때문이다. 우리나라의 기업처럼 '사원-대리-과장-차장-부장-상무-전무' 등에 이르는 직급 체계가 명확하지 않은 대신에, 테크 기업들은 자신의 직속 보고 대상이 누구냐에 따라 조직 내 위계를 확인할 수 있는 셈이다.

시애틀에서 30분가량 떨어진 레드먼드에 위치한 마이크로소프트 캠퍼스를 취재할 때도 조직에 녹아 있는 위계 구조의 모습을 엿볼 수 있었다. 캠퍼스 동쪽 출입문에 가까운 33번 빌딩은 마이크로소프트의 최고 지휘 본부로 꼽힌다. 건물 외관은 다른 빌딩들과 유사하지만 매주 금요일마다 사티아 나델라Satya Nadella CEO를 비롯한 경영진이 머리를 맞대고 릴레이 회의를 진행하는 '경영진 브리핑 센터'로 기능하기 때문이다. 이 건물의 한 층은 회의실로 가득하지만, 이곳을 오가는 직원들은 소수에 불과하다. 젠슨 황처럼 한 명의 CEO가 약 60명의 직원들로부터 직접 보고를 받고, 이들이 참석하는 회의를 수시로 진행하는 것은 이례적이다.

필요하면 휴일도 상관없이 비상 체제에 돌입해 이름을 기억하는 직원들에게 직접 메시지를 보내 소집하고, 회사에서 먹고 자는 일도 서슴지 않는 일론 머스크 CEO 조차도 테슬라에서 직접 보고를 받는 직원은 약 20명에 불과하다. 스페이스X의 경우는 약 15명, X(구 트위터)에서는 약 20명이 머스크에게 직접 보고하는 것으로 알려져 있다.[3] (이 역시도 엄청난 숫자다!)

젠슨 황은 엔비디아의 조직 위계를 설명하면서 이같이 말했다.

**"빠르게 움직이고 싶은 회사라면
가장 피해야 할 것은
정보가 위계적으로 흐르는 것입니다.
대부분의 조직을 보면
최상층부에 두세 명의 관리자만 있습니다.
즉, 실제 일하고 있는 실무자에게까지
닿으려면, 조직에서 적게는 7개
많게는 10개의 위계를 거쳐야 합니다.**

**제가 원하지 않는 일이 바로 이런 것입니다. 그래서 우리는 경영진 체계를 최대한 수평적으로 만들고, 3~4단계의 위계를 없앴습니다."** [4]

기업 규모에 관계없이 조직이 변화에 민첩하게 대응하고 적응력을 높이는 것이 '위계 줄이기'의 최대 목표다. 엔비디아 본사에는 경영진을 위한 별도의 건물이 없다. 젠슨 황 역시 정해진 사무실에 머무르며 일하기보다는 상황에 따라 여러 회의실 가운데 하나를 골라 활용하는 유목민 스타일을 선호한다. 이는 엔비디아가 최고의 기업 반열에 오른 지금도 고수하는 원칙이다.

이렇듯 젠슨 황이 유연한 조직 문화를 지향하고, 수십 명에게 직접 보고를 받는 번거로운 일을 자처하는 이유는 단 하나다. 불필요한 보고 단계, 즉 위계를 줄이기 위함이다. 실제로 젠슨 황의 보고 체계에 따라 기업을 운영한 후 조직도상으로 3~4개에 달하는 위계가 줄어드는 것 이상의 효과를 거두었다.

여러 인터뷰 자리에서 젠슨 황은 자신의 리더십이 특별할 것 없다고 언급한 바 있다. 그럼에도 리더십에 대한 질문이 끊이지 않자, 그는 리더로서 직접 보고받는 이유를 설명하며 이렇게 답했다.

"CEO가 직접 보고받는 횟수가 늘어날수록
조직 내 위계가 줄어듭니다.
이는 정보가 원활히 흐르는 데
도움을 줍니다."[5]

# 정보는
# 막힘 없이 흘러야 한다

젠슨 황이 그토록 강박적일 정도로 위계를 줄이고, 정보의 원활한 흐름에 집착하는 이유는 무엇일까?

그의 기업 철학은 비밀주의를 고수해 조직 간 칸막이 문화가 강하고, 부서 간 경쟁을 바탕으로 제품의 완결성을 높이는 애플 같은 기업과 대척점에 서 있다.

앞에서 언급했듯이, 스티브 잡스의 경우는 자신이 직접 보고받는 직원들이 소수에 불과했다. '애플의 영혼'으로 불리던 조니 아이브의 디자인팀과 금요일마다 회의를 진행한 것을 제외하면, 소수의 책임자급 직원들만 잡스와 소통할 수 있었다. 그렇기에 애플의 직원들은 각자의 업무 전문성은 높지만, 전체 제품의 그림을 파악하고 있는 사람은 극소수뿐이었다.

예를 들어 안면 인식 소프트웨어를 설계하면서 강도 높은 정확성을 요구받던 한 엔지니어가 자신이 만든 기능이 애플페이에도 활용된다는 것을 그 기능이 출시된다는 발표를 듣고 나서야 알게 됐다고 밝혔다. 이는 애플 특유의 비밀주의가 잘 드러나는 사례다.

애플은 '가릴수록 완벽해진다'는 지론을 잡스 사후에도 실행하고 있다. 애플의 기업 조직에서 정보는 제각각의 중심 팀 단위로 철통 보안되며, 위에서 아래로 흐른다. 이를 전체적으로 조망할 수 있는 구성원은 소수뿐이다.

하지만 엔비디아는 다르다. 엔비디아에서 정보는 위에서 아래로 흐르더라도 막힘없이 '빠르게' 흘러야 한다. 이를테면 동명의 SF 소설을 원작으로 제작한 넷플릭스 드라마 〈삼체三體, The Three-Body Problem〉 속 외계 문명의 정보 취득 체계를 떠올리게 한다. 한 개체가 정보를 취득하면 집단 전체에 동일 정보가 빠르게 전달되는 것이다.

회의에서 의사결정을 할 때도 마지막 단계에서 임원들에게만 결정이 전해지는 일은 없다. 회의에 부사장급과 일반 주니어 직원, 인턴이 같이 참석했다면 이들 모두가 의사결정에 대해 동일한 정보를 얻는 것이다. 직급이 높은 사람이 더 많은 정보를 갖게 돼 더 많은 권한을 가지는 일반적인 조직 내의 권력의 작동 원리가 엔비디아에서는 통하지 않는다.

그럼 조직 구성원들 모두가 정보에 쉽게 접근하면, 중요한 정보가 유출될 위험은 없을까? 젠슨 황은 폭넓게 정보를 공유하는 것의 리스크를 우려하는 사람들에게 단호하게 말했다.

> **"만약 전략적 방향이라면**
> **왜 이야기해서는 안 될까요?**
> **때가 되면 모든 구성원에게**
> **동시에 말해야 합니다.**
> **직원들이 전략을 듣고 피드백을 주면,**
> **회사는 그것을 바탕으로**
> **다시 전략을 정교화할 수도 있습니다."** [6]

이런 투명하고 막힘없는 기조는 엔비디아라는 회사의 궁극적인 지향점과도 관련이 있다. 젠슨 황은 엔비디아를 '모든 테크 기업에 컴퓨팅 자원을 공급하는 플랫폼'

으로 정의하고 있다. 일례로 오픈AI의 챗GPT를 시작으로 불붙은 생성형 AI 경쟁은 엔비디아의 AI 가속기를 비롯한 컴퓨팅 인프라가 없다면 애초에 불가능한 싸움이다.

젠슨 황은 앞으로 엔비디아의 GPU로 만드는 데이터 센터는 향후 도래할 AI 시대에 '지식을 생산하는 공장'이 될 것이라고 단언한다. 그는 앞으로의 지식의 형태는 수문을 개폐하듯이 한쪽에서 정보에 대한 권한을 쥐고 다른 한쪽에 공급할지 말지를 결정하는 것이 아니라, 양방향에서 거리낌 없이 흐르는 정보 구조로 나아갈 것이며, 그렇게 돼야 한다고 생각한다. 흐르는 정보의 양과 질에서 최적화가 이루어지는 기업만이 승자가 될 것이라고 본다. AI 붐이 본격화하기 이전부터 엔비디아는 이 같은 정보의 흐름을 갖춰왔다는 점이 더욱 높이 살 만하다.

엔비디아는 테크 기업의 선두 기업이자 이러한 지식 공장의 첨병으로서 정보를 최대한 자유롭게 흐르게 할 책무를 느끼고 있다. 보다 실질적으로는 엔비디아가 수많은 고객의 요구에 민첩하게 대응해야 하는 만큼 제품의 완성도와 속도를 동시에 실현하기 위한 필수적인 선택이다. 그 과정에서 제품 개발에 관한 정보가 회사 전체에 공유될 경우, 경쟁사 유출 가능성으로 벌어질 수 있는 손실보다는 빠르게 문제점을 발견하고 변화에 적응해 생존력을 높이는 데에서 얻는 이익이 크다고 본다.

젠슨 황은 AI 시대에 기업을 운영하는 데 필요한 것은 무엇이고, 새로운 컴퓨팅 시대에 어떻게 기업을 이끌어나가야 할 것인가에 관한 인터뷰에서 다음과 같이 말했다.

"정보가 사일로(부서 간 장벽에 따른 사각지대)에
갇히지 않고 조직 내에서
자유롭게 이동할 수 있는 능력은
기업의 규모가 점점 커질수록
중요한 요소가 될 것입니다.
특히 업계가 매우 빠르게 움직일 때는
어딘가에서 나올 수 있는 아주 작고 약한
신호에도 주의를 기울여야 합니다.
그 신호는 전혀 예상치 못한
연구 논문일 수도 있고,
디지털 생물학과 관련된 것일 수도 있고,
로봇공학의 어떤 새로운 기술일 수도
있습니다. 이를테면 그 정보가 챗봇을

훈련시키는 데 유용한 방식으로
쓰일 수 있는 것이죠." [7]

젠슨 황은 컴퓨터 아키텍처 전문가, 칩 설계 전문가, 프로세서 설계 전문가 등 수많은 전문가가 있다고 하더라도, 각 영역의 정보들이 흐르는 과정에서 사각지대가 생기는 순간 외부를 향하는 촉수가 둔감해지고, 결국에는 조직의 기능이 제대로 작동하지 못하게 된다고 본다. 무엇보다 해결해야 할 사안이 생겼을 경우 민첩한 대응이 어려워져 느리고 무딘 기업이 될 수밖에 없다는 점을 늘 경계한다.

젠슨 황은 창업자이자 CEO로서 자신의 역할은 엔비디아 직원들이 장기적으로 평생 일할 수 있는 여건을 조성하는 것이라고 여긴다. 이를 위해 필요한 프로젝트에 적합한 인재를 배치하고, 이들 구성원에게 적합한 권한을 부여하는 것이 필수적이라고 본다. 이때 구성원의 동기부여가 중요한데, 그 어떤 사안보다 상황 맥락을 이해하는 것이 우선순위가 돼야 한다고 생각한다. 그렇기 때문에 CEO의 생각도 최대한 많은 구성원에게 공유하는 것에 거침이 없고, 젠슨 황 스스로도 기업을 이끌어나가기 위한 핵심 가치라고 생각하고 있다.

이와 같은 맥락에서 대다수 기업에서는 일반적이지만 엔비디아에서는 거의 하지 않는 것이 일대일 미팅이다. 수십 명에 달하는 직원들에게 직접 보고받기 위해 한 명씩 따로 만날 시간이 부족한 것도 큰 이유지만, 단연코 1순위로 고려하는 점은 '정보 흐름의 속도'다.

애초에 공유될 아이디어라면 여럿이 있는 가운데서 이야기하고, 때때로 직급에 상관없이 특정 주제와 관련 있는 직원들을 커다란 회의실에 소집해 난상 토론을 벌인다. 그 과정에서 특정 일에 필요한 사람이라면 지위 고하를 막론하고 그에 상응하는 권한도 부여한다.

젠슨 황은 1993년에 창업한 이래로 30년 넘게 엔비디아를 이끌고 있다. 재임 기간으로 보면 빅테크 기업들 가운데 최장수 창업자 겸 CEO로 꼽힌다. 최대한 다양한 구성원으로부터 직접 보고를 받는 것은 위계를 줄이는 효과를 발휘함과 동시에 그의 '롱런'에도 긍정적인 영향을 미쳤을 것이다. CEO가 소수의 직원에게만 보고받으면 일선 직원들의 생각에서는 멀어지기 쉽다. 일종의 '필터 버블(Filter Bubble: 정보 이용자가 맞춤형의 선별된 정보, 즉 필터링된 정보만 얻게 되는 현상)' 속에서 지내게 되기 때문이다. 이는 전체 그림을 파악해 정확하고 신속한 결정을 내려야 하는 CEO가 자칫 코끼리 다리만 만지고 결정을 내리는 실수를 범할 수 있다.

젠슨 황은 최대한 많은 직원들과의 접점을 통해 현장과 제품에 대한 감각을 날카로운 상태로 유지하기를 원한다. 그렇게 해야 더 나은 판단을 하고, 실수를 줄일 수 있다고 생각한다. 직관적인 감각을 키우기 위해 정보를 접하고 배우는 젠슨 황의 이런 태도는 엔비디아에 뿌리내려 고유한 조직 문화로 녹아들어 있다.

앞에서 언급했듯이 엔비디아는 분기마다 정기적으로 전체 직원들이 참여하는 올핸즈 미팅에서 2시간가량 직원들의 질문에 CEO가 답하는 시간을 갖고 있다. 엔비디아의 직원들은 CEO나 고위 임원진과 직접적으로 대면할 수 있는 이런 자리를 통해 의견을 자유롭게 나눌 수 있는 것에서 다른 테크 기업들보다 만족도와 자긍심이 높다. 임원진이 아니더라도 CEO의 비전과 고민을 투명하게 접하고 CEO의 생각과 주기적으로 '동기화'할 수 있다는 것은 탁월한 인사 정책 이상의 주인의식을 모든 직원들에게 심어줄 수 있다.

# 이야기는 간결하게,
# 우선순위 먼저!

불필요한 의사결정 단계를 줄여 소통의 효율성을 높이는 방식에 대한 젠슨 황의 또 다른 흥미로운 일화를 살펴보자.

젠슨 황의 남다른 소통 방식의 힌트를 찾자면, 그의 메일함부터 뒤져야 한다. 그 역시 여느 테크 기업들 경영자처럼 오전의 첫 일과는 메일함을 열고, 그사이 읽지 못한 메일을 확인하는 것으로 시작한다. 보통 그는 메일 업무에 2시간가량을 할애하는데, 이는 전날 워싱턴 D.C.에서 대통령과의 만찬에 참석하거나 라스베이거스에서 열리는 테크 컨퍼런스에서 기조연설을 하고 밤늦게 돌아온 뒤에도 어김없이 지키는 일과다.

온갖 메일이 그에게 도착하지만 8할 이상을 차지하는 메일에는 이 같은 태그가 달려 있다. 'Top 5 things(상위 5가지의 우선순위 사항을 말함, 이하 '우선순위5'로 지칭함)'. 하루에도 500여 통에 달하는 메일이 이 제목들을 달고 젠슨 황의 메일함에 도착한다. 흥미로운 점은 물리적으로 이 많은 메일을 다 읽는 것이 가능한가 싶은데도, 직원들이 느끼기에 그가 메일들을 분명히 읽고 있다고 여기는 것이다.

"어떤 날은 제가 메일 제목에 들어가야 하는 서식에 '언더바(_)' 하나를 잘못 보냈더니, 젠슨 황에게 답장이 왔어요. '서식 수정 바람' 이렇게 세 어절로요."[8]

실제로 젠슨 황은 직원들이 보낸 메일 중 일부에 직접 답장하곤 한다. 그 과정에서 직원들에게 그만의 일관적인 메일 서식을 갖추기를 요청한다. 결국 메일 확인에 관한 여러 해프닝이 쌓이면서 다음과 같이 그에게 보내는 '메일 매뉴얼'이 생겨났다.

- **한 줄에 한 문장을 작성할 것**
- **최대 여섯 문장을 넘기지 않을 것**

## ● 핵심만 간결히 담겨 있을 것

만약 이보다 긴 이야기가 있다면 대화로 해결해야 한다는 것이 그의 생각이다.

젠슨 황에게는 직급에 관련 없이 온갖 부서의 직원들이 보내는 수많은 '우선순위5'가 일종의 풍향계이자 빅데이터다. 시급하고 중요한 사안으로 요약되는 '우선순위5' 메일에는 시장 인사이트, 고객 이슈, 상사 개입이 필요한 이슈 등에 대해 직원 개개인이 자신의 관점에서 정리한 중요 사항들이 담겨 있다. 회사에 관한 막연한 바람이나 단순한 불만을 전달하는 '소원수리함'과는 다르다. 현재 시장에서 어떤 일이 벌어지고 있는지, 고객들이 제기하는 피드백 중 빠르게 수용하고 해결해야 할 것은 무엇인지 등에 관한 직원들의 생각을 표현하는 소통 채널이다.

물론 모든 직원이 시시때때로 '우선순위5' 메일을 보내야 하는 것은 아니다. 엔비디아를 취재하는 과정에서 인터뷰한 직원들의 말에 의하면, 모든 직원이 의무적으로 보내야 하는 것도 아니고, 때로는 업무적인 애로 사항을 호소하거나 매니저들이 팀을 위한 자원 배분을 요청하는 채널로도 활용한다고 한다. 즉, '우선순위5' 메일이 중요한 정보를 나누는 채널이기는 하지만 통용되는 분류에는 제한이 없다는 의미다. 직원 스스로 정말 중요하다고 생각하는 문제를 공유한다는 것이 핵심이다. 수백 통의 메일이 쌓이기 때문에 가독성을 위해 메일 형식에 대해서는 강조하고 있지만, 직원 개개인이 이 메일을 어떤 채널로 활용할지에 대한 부분조차 제한을 두는 것은 경계했다. 규칙이 많아지면 조직 내 빅데이터를 수집한다는 본래 취지가 훼손돼 일종의 검열 기제가 작동할 수 있다고 보기 때문이다.

'우선순위5' 메일은 담당 사업 부문이나 프로젝트, 직무에 따라 직원들 저마다의 관점에서 보내온 조각들이다. 하지만 이들 생각의 모자이크를 한눈에 조망해 보면 하나의 완성된 윤곽이 드러나 사업에 대한 통찰력을 얻을 수 있다.

또한 젠슨 황은 정보를 공유하거나 의견을 제안하는 것이 몇몇 소수의 경영진을 위한 단순 '보고Executive Summary'의 형태가 되는 순간, 이를 전하는 사람의 편견이 개입되고 이미 과거 시점의 분석이 되어버린다고 생각한다. 상사의 입맛에 맞추기 위해 데이터가 오염될 가능성이 있다는 우려다. 이 때문에 현재진행형의 흐름을 파악하기 위해 '우선순위5' 메일을 판단 기준으로 삼아 실시간으로 필요한 일을 점검하고 우선순위를 조정한다. 엔비디아가 다른 기업들이 연말연초마다 주기적으로 벌이는 5년 계획이나 1년 계획을 거의 세우지 않는 것은 이 같은 실시간 피드백을 통해 계획을 재점검하고 프로젝트를 완성시켜 나가기 때문이다. 어찌 보면 무계획이 빠르게 변화하는 AI 업계에서 가장 민첩하게 대응하고 생존하기 위한 전략이 될 수 있다고 보는 것이다.

놀라운 점은 기업의 CEO로서 젠슨 황이 '우선순위5' 메일이라는 소통 채널로부터 전 직원의 시각을 빅데이터로 모으는 것을 정작 직원들은 특별하게 여기지 않는다는 것이다. 오히려 직원들에게 이런 소통 방식은 부수적인 문제일 뿐, 젠슨 황이라는 창업자의 존재감을 더욱더 크고 특별하게 느꼈다. 그가 어디에나 있고 어떤 채널로 다가갈 수 있다는 자체가 직원들에게 끊임없이 동기부여를 한다는 것이다. 한 직원은 이렇게 말했다.

"평소에는 자율 출근을 하지만, 젠슨 황이 매 분기 올핸즈 미팅을 할 때는 전 직원 모두가 출근해요. 다들 열성적으로 질의응답Q&A에 참여합니다. 젠슨 황은 슬라이드나 다른 매니지먼트팀에 의지하지 않고도 2시간에 걸쳐 직원들의 온갖 질문에 답하면서 꽤 직설적으로 이야기해요. 이런 창업자의 존재 자체가 직원들에게는 영감이 돼주죠."[9]

무엇보다 직원들은 젠슨 황을 "굉장히 까다롭고 요구가 많은 리더"라고 설명하면서도 그와 일하는 데서 영감을 얻고, 그와 상호작용하는 것을 무엇보다 즐거워했다. 한 패키징 담당 디자이너는 인터뷰에서 젠슨 황이 세밀하고 사려 깊게 피드백을 주는 방식 때문에 1년에 한두 차례 직접 하는 프레젠테이션이 무척 기다려진다고 말했다.

"젠슨 황이 제품 패키지에 직접 사인을 해서 고객사에게 주는 경우가 많아요. 그런 경우 '사인할 때 패키지가 찌그러지지 않도록 사이즈를 키웠으면 좋겠다' 등과 같이 다양한 아이디어로 피드백을 줍니다. 살펴볼 게 많을 텐데 시안을 16~18개 정도 제시해도 재밌어하고, 다양하게 대안을 마련해 가면 그에 따라 피드백도 해줍니다. 그렇게 소통하는 과정이 정말 재밌어요."[10]

엔비디아 직원들이 무엇보다도 젠슨 황과의 소통을 기꺼워하는 데는 그가 직원 개개인에게 보이는 관심을 직원 당사자들이 느낄 수 있기 때문이다. 한 사람 한 사람을 진정으로 아끼는 마음은 단순히 연출로 얻을 수 있는 것이 아니다. 한 직원은 젠슨 황과의 일화를 이렇게 전했다.

"제가 머리색을 다양하게 염색하는 편인데요. 젠슨 황을 1년에 한두 번 프레젠테이션할 때만 보는데도, 그는 그 모습을 기억하면서 '다음에는 핑크색으로 염색할 건가요?', '당신은 이런 색깔도 어울릴 것 같은데요'라고 농담을 먼저 걸어요. 많은 직원들을 챙기면서도 직원 한 명 한 명의 특징을 기억하고, 한 마디라도 대화를 더 나누려고 하는 모습을 보면 또 새롭게 감동을 받죠."[11]

2022년 말, 많은 실리콘밸리 기업들이 경기 침체로 인해 대규모 정리해고를 단행했다. 메타가 전체 직원의 13퍼센트에 해당하는 약 1만 1,000명을 감원한 것을 시작으로, 2023년 1월에는 구글과 아마존이 각각 약 1만 2,000명, 1만 8,000명을 해고하면서 실리콘밸리에 레이오프 바람이 거세게 불었고, 고용 불안이 새로운 화두가 됐다. 하지만 이 레이오프 광풍 속에서도 엔비디아는 무풍지대로 남은 거의 유일한 기업이었다. 이 시기 많은 기업들이 '효율성의 해'를 내세우며 모든 비용과 프로젝트를 원점에서 재검토했다. 사실상 이 재검토 리스트는 사라져도 되는 팀과 프로젝트를 걸러내는 역할을 하면서, 아직 돈을 벌지 못하는 신생 프로젝트팀이나 기초 연구팀이 대폭 사라지기도 했다.

그러나 엔비디아는 달랐다. 신사업 분야라든지 돈을 벌지 못하는 부문이라고 해서 고용에 불이익을 받지 않았다. 젠슨 황은 직원들과의 올핸즈 미팅을 주기적으로 열면서, 계속해서 비용을 아낄수록 동료들을 한 사람이라도 구할 수 있다는 점을 강조했다. 그 결과 레이오프를 하지 않고도 위기의 순간을 지나갈 수 있었다. 그리고 다음 해 많은 기업들이 생성형 AI 붐으로 다시 인력 채용에 나서며 해고한 동료들을 불러 모을 때도 인력의 손실이 없었기에 선두에서 속도를 낼 수 있었다.

엔비디아의 한 직원은 그 시기를 떠올리며 이같이 말했다.

"젠슨 황이 올핸즈 미팅 때마다 수시로 말했어요. '지금 각자가 쓰는 비용을 잘 생각해서 꼭 필요한 만큼이 아니면 줄이는 방법을 생각해봅시다. 이만큼의 데이터 샘플이 필요하다고 생각했을 때도 원점에서 그만큼이 정말 필요한 것인지 생각해보고, 어떻게 비용을 줄일 수 있을

지의 관점에서 모든 사고를 다시 해봅시다.' 코로나19 팬데믹 기간에는 해외 출장도 모두 취소했고, 직원들 저마다 자기 돈을 아끼는 것처럼 비용을 아끼기 위해 고민했어요. (정리해고 대상이) 내가 될 수도 있고 친한 동료가 될 수도 있는데, 아무도 레이오프를 겪지 않을 수 있다면 이 정도는 충분히 감수할 수 있다는 마음으로 합심한 것이죠."[12]

동시에 젠슨 황은 꾸준히 직원들의 보상을 강화하는 데 주력하고 있다. 엔비디아의 보상은 연봉과 주식 두 가지로 지급된다. 연봉의 경우는 보통 1년 단위로 인상이 이루어져, 그해 9월쯤 인상된 연봉이 반영된다. 하지만 2024년의 경우 그보다 앞선 5월에 연봉 인상이 이루어졌다. 별도의 현금 인센티브가 없더라도 연봉 인상이 7~8개월 만에 상승하면서 직원 입장에서는 인센티브와 같은 효과를 누리는 셈이다.

2022년 11월 말 오픈AI의 챗GPT가 등장한 이후 촉발된 생성형 AI 혁명으로 엔비디아 주가는 끝없는 상승세를 보였다. 그러다 AI 거품론이 제기되면서 주가가 120달러대에서 몇 달째 박스권을 횡보하던 중에 2024년

9월 30일 종가 기준으로 121.44달러를 기록했다. 놀랍게도 2년 전인 2022년 9월 30일의 종가는 121.4달러였다. 2024년 6월에 엔비디아가 10 대 1 비율의 액면분할을 단행했다는 점을 고려하면, 2년 사이에 엔비디아 주가가 10배가 된 것이다. 실리콘밸리의 어느 기업에서도 찾아보기 힘든 폭발적인 성장세다.

주식 보상으로는 '양도제한 조건부 주식RSU' 정책과 급여의 일정 비율 내에서 엔비디아 주식을 최대 2년 전 가격에서 15퍼센트 할인된 가격으로 구매할 수 있는 '직원주식 매입제도ESPP'가 활발히 작동하고 있다. 이런 점을 고려하면 엔비디아 직원 상당수가 준은퇴Semi-Retirement에 해당하는 경제적 부를 얻게 됐다고 해도 과언이 아니다. 지금 이 순간에도 2년 전 가격으로 자사의 주식을 매입하는 엔비디아 직원들은 실리콘밸리에서, 엔비디아의 이름 그대로, 부러움envy의 대상이다.

생성형 AI 붐 이후에는 특별 RSU도 매년 주어지는 등 주식 보상이 우상향 곡선을 그리고 있다. 여기서 한 발짝 더 나아가 젠슨 황은 2024년 하반기 올핸즈 미팅에서 RSU 기간을 단축하는 방식도 고려하겠다는 의사를 내비쳤다. 4년에 나눠 지급하는 기존 방식을 2~3년에 지급하는 수준으로 기간을 더 줄여보겠다는 것이다. RSU는 많은 기업들이 통상 4~5년에 걸쳐 지급하는 방식을 채택하기 때문에 당장 현금으로 전환하기 어렵고, 주식에 대한 권리를 행사하기까지 시간이 소요된다는 점에서 실리콘밸리 근로자들이 '황금 수갑Golden Handcuff'이라며 자조적으로 부르기도 한다. 주어지는 보상만큼 회사에 머물러야 하는 시간이 길어지면서 기회비용이 늘어난다는 것이다.

이렇듯 제도의 취지 자체를 뒤집는 파격적인 방식으로 직원들의 편의를 높이는 운영에서 엔비디아의 자신감을 엿볼 수 있다. 한 직원은 엔비디아의 보상 제도에 관해 이렇게 생각을 밝혔다.

"최근 젠슨 황이 올핸즈 미팅에서 'RSU는 직원들이 한 일에 대한 결과물이고 보너스인데, 4년간이나 이를 묶어두는 것은 취지에 맞지 않는 것 같아요'라며 엔비디아는 당신들을 묶어두고 싶지 않다고 언급했어요. 코로나19 팬데믹 때부터 직원들을 배려해 매년 연봉 인상하는 사이클도 앞당겨서 1년을 꽉 채운 적이 거의 없어요. 이렇게 다양한 방식으로 보상에 대해 생각해주는 점 자체가 직원들에게는 동기부여가 되죠."[13]

ESPP 역시 급여의 15퍼센트 내에서 주식을 최대 2년 전 종가에서 15퍼센트 할인된 가격에 구매할 수 있게 했던 제도를 2025년부터는 구매할 수 있는 비율을 연봉의 25퍼센트까지 늘리기로 했다. 연 2만 5,000달러가 최대한도라는 제약 조건이 있긴 하지만 어느 기업에서도 찾아보기 힘든 직원 친화적인 정책 변화로 꼽힌다. 특히 입사 시기가 늦은 주니어 직원들이 혜택을 볼 수 있는 제도로 직원들의 높은 지지를 얻고 있다.

엔비디아의 많은 직원들이 '파이어족(FIRE: 경제적 자립Financial Independence과 조기 은퇴Retire Early의 합성어로, 경제적 여유를 달성해 정년 전에 은퇴하는 사람들을 일컬음)'이 될 수 있는 수준의 경제적 부를 얻게 됐지만, 그럼에도 엔비디아는 여전히 낮은 퇴사율을 보이고 있다. 〈엔비디아의 지속 가능성 리포트NVIDIA Sustainability Report〉에 따르면, 2024년(회계연도) 퇴사율은 2.7퍼센트로 전년(5.3퍼센트) 대비 절반 수준으로 줄었다.[14] 같은 기간 전체 반도체 업계의 평균 퇴사율이 17.7퍼센트에 달하는 것을 고려하면 압도적인 차이다. 엔비디아의 자체 지표로만 비교해봐도 2017년(회계연도) 이후 꾸준히 퇴사율이 6퍼센트대에서 오르내렸던 것을 보면 직원들이 떠나고 싶어

하지 않는 회사가 됐다는 점은 분명하다.

엔비디아의 성장으로 경제적으로나 커리어적으로 함께 성장하는 동시에 스스로가 중요한 일을 하고 있다는 의식을 심어줄 수 있는 조직 분위기가 직원들이 계속 다니고 싶은 회사로 남는 데 큰 역할을 하고 있다.

# 좋은 리더를 넘어

"저는 현재 활동하는
최장수 테크 업계 CEO입니다.
31년 동안 회사를 유지하면서
회사를 파산시키지도,
지쳐 나가떨어지지도 않았고,
해고되지도 않았습니다."

2024년 6월 미국 최대 연구 중심 대학 캘리포니아 공과대학교Caltech 졸업식의 축하 연설에 나선 젠슨 황은 600여 명의 인재들을 앞에 두고 이와 같이 말했다. 스스로에 대해서는 엄격하게 겸손함을 지향하는 그가 내세울 수 있는 최고의 자부심이 담긴 표현이었다.

다른 많은 창업자 CEO들에게는 최고의 훈장 같은 표현으로 여겨졌을 법하다. 30년 넘게 창업자가 직접 운영하는 실리콘밸리 기업은 엔비디아가 유일하다. 소비재나 제조 위주의 기업과 달리 테크 기업은 기술의 흐름이 빨리 바뀌는 한편, 기업의 성장세에 따라 이사회의 입김도 커지고 그만큼 전문 경영인의 도입이 흔하다.

이를테면 1975년, 1976년에 각각 창립된 마이크로소프트와 애플도 창업자들이 직접 기업을 운영하던 기간은 25년이 채 안 된다(스티브 잡스가 이사회에 의해 쫓겨난 기간을 제외하면, 그가 애플의 CEO로 일한 기간은 23년이다). 기간을 넓혀 1990년대에 창립한 기업 가운데 창업자가 직접 운영하는 기업은 1999년에 설립한 클라우드 컴퓨팅 서비스업체인 세일즈포스Salesforce를 제외하고는 없다. 세일즈포스의 마크 베니오프Marc Benioff 창업자 역시 공동 CEO 체제와 단독 CEO 체제를 주기적으로 오가며 경영하고 있다. 애플의 스티브 잡스는 이사회에 의해 CEO 자리에서 쫓겨난 뒤 다시 복귀하면서 자신의 경영 능력을 증명해야 했다. 일론 머스크 테슬라 CEO도 마찬가지로 자신이 창업했던 페이팔PayPal에서 쫓겨난 적이 있다.

자신이 설립한 기업에서 30년 넘게 일하면서 해고되거나, 스스로 그만두거나, 파산까지 이른 적이 없는 드문 행운은 어디서 비롯됐을까? 기업 경영서의 고전으로 꼽히는 짐 콜린스Jim Collins의 《좋은 기업을 넘어 위대한 기업으로Good to Great》는 '단계 5'의 리더를 최고의 리더로 분류한다. 이는 개인적 겸양과 직업적 의지를 융합해 큰 도약을 이끌어내는 리더를 말한다.

젠슨 황의 면모를 살펴볼 때, 그 역시 '단계 5'의 리더라고 충분히 칭할 만하다. 사실 CEO로서 젠슨 황이라는 인물 자체가 부각된 것은 최근 몇 년 사이의 일이다. 그렇지만 오랜 기간 수차례의 거친 파도를 마주했음에도 기업의 크고 작은 일들에 흔들림 없이 기업의 혁신을 계속적으로 도모해왔다. 개인적으로는 겸양의 미덕을 갖춰 직원들의 존경을 받고 있고, 테크 기업 종사자들에게는 선망하는 롤모델로서 자리매김하고 있다.

샨타누 나라옌Shantanu Narayen 어도비Adobe CEO는 한 언론 인터뷰에서 젠슨 황에 대해 이렇게 말했다.

"젠슨 황은 놀라운 비전과 무자비한
실행력을 겸비한 보기 드문 인물입니다.
이제 엔비디아가 인공지능에 집중하고
있는 만큼 그가 펼칠 리더십의 기회는
무궁무진합니다."[15]

한때 젠슨 황은 자신에게 영감을 준 인물로 스티브 잡스를 꼽았다. 제품을 통해 세상을 변화시키고자 하는 열정을 보여줬고, 잡스의 비전과 실행력이 자신에게도 큰 영감을 줬다는 이유에서였다. 이제 검은 터틀넥의 슈퍼히어로는 사라졌지만, AI 시대를 맞아 새로운 히어로의 시대는 막 시작됐다. 젠슨 황의 기술에 대한 이해와 열정, 미래를 내다보는 혜안과 이를 바탕으로 한 끊임없는 실행력이 만나 오늘의 엔비디아를 만들어냈다.

"주가가 80퍼센트 이상 떨어졌을 때도,
제 반응이나 심장 박동은
오늘과 같았습니다.
물론 당황스럽긴 합니다.
그럼에도 같은 시간에 일어나

같은 방식으로 우선순위를 정하고,
핵심으로 돌아갑니다.
'무엇을 믿고 있는가',
'가장 중요한 것은 무엇인가',
'가족이 나를 사랑하는가' 하고 말입니다.
바뀐 것이 없다면, 다시 회사로 가서
하던 대로 집중하면 됩니다." [16]

좋은 서퍼가 되려면 드물게 좋은 파도가 왔을 때 그 기회를 잘 잡는 것도 중요하지만, 그보다 더 중요한 능력이 있다. 대부분 좋지 않은 파도 속에서도 '버티는' 능력이다. 그렇지만 무작정 좋은 파도가 올 때까지 마냥 기다릴 수도 없고, 제대로 파도를 타려면 여러 파도에서 훈련이 돼 있어야만 한다. 기업의 생애에서 상당한 기간을 부진한 채 숱한 파도를 겪었던 엔비디아가 하나 놓치지 않았던 것이 있다면, 그것은 바로 의지다.

젠슨 황이 직원들에게 절대적인 지지를 받고 영감을 줄 수 있는 리더가 될 수 있었던 데는 기술에 대한 완벽한 이해와 이를 바탕으로 한 예측을 통해 주목받지 못했던 시간에도 끊임없이 가설을 검증하고 실행했던 데 있었다. 엔비디아 직원들은 그렇게 '최고의 서퍼'를 바라보며 좋은 파도도 나쁜 파도도 겪으며 함께해왔다.

생성형 AI 붐 이후 거침없이 질주하던 엔비디아에도 역풍이 불었다. 2024년 8월 엔비디아의 2분기 실적이 발표된 직후 엔비디아의 주가가 시간외거래에서 7퍼센트가량 급락한 것이다. 2024년 하반기 들어 AI 거품론이 불거지면서 주가가 120달러대에서 횡보하는 모습을 보였지만, 이번의 주가 하락은 더욱 뼈아팠다. 전례 없는 흑자를 내고도 얻게 된 시장의 냉대였기 때문이다. 엔비디아의 지난 2분기 매출은 전년 동기 대비 122퍼센트 성장한 300억 4,000만 달러(약 40조 원)를 기록해 시장 전망치(287억 달러)를 상회했다. 순이익은 같은 기간 168퍼센트 급등한 166억 달러(약 22조 2,000억 원)에 달했다.

이와 같은 실적에도 불구하고 3분기 실적 전망이 기대에 미치지 못한다는 이유와 함께 신제품 '블랙웰'의 출시가 지연되면서 시장이 냉혹하게 돌아선 것이다. 남다른 기대 심리가 엔비디아의 주가에는 독이 될 수 있다는 것을 확인한 순간이었다.

이날 젠슨 황은 평소와 달리 추궁당하는 분위기 속에 언론 앞에 인터뷰이로 섰다. 블룸버그TV와의 생방송 인터뷰에서 블랙웰의 출시 지연과 관련한 질문이 나오자, 그는 "회복의 신호가 되는 사실은 명확하다"라며 입을 뗐다. 그리고 다음과 같이 설명을 이어갔다.

> **"본격적으로 제품의 출하가 시작되는 4분기에는 수십억 달러에 달하는 '블랙웰' 매출이 발생할 것입니다. 우리는 거기서부터 시작할 것입니다. 블랙웰에 대한 수요는 아주 큽니다. 이를 맞추기 위해 공급을 늘릴 것입니다. 우리는 내년에 아주 좋은 성과를 기대하고 있습니다."** [17]

당시 그가 출연하는 블룸버그TV의 하단에는 빨간 자막으로 주가의 하락 폭을 실시간으로 보여주고 있었다. 하지만 여러 번의 좋지 않은 파도를 버틴 적이 있는 유능한 서퍼인 젠슨 황은 비교적 여유롭고 침착한 태도로 인터뷰를 마쳤다. 7퍼센트를 넘나드는 하락 폭이 계속해서 바뀌는 가운데 침착함을 유지하면서 10여 분간의 인터뷰를 소화해내는 것은 대단한 재능이고 역량이다. 직원들 역시 젠슨 황의 담담한 태도를 보면서 마음을 추슬렀다.

실리콘밸리의 기업에 종사하는 누구나 그렇듯, 엔비디아의 직원들도 염두에 두고 있다. 창업자가 제자리에서 역할을 하며 영원할 것 같던 기업의 전성기가 언젠가는 역사 속으로 사라질 수 있다는 사실을 말이다. 대중의 생각도 같다. 한때 스타트업이었고, 창업자가 떠나며 전문 경영인이 그 자리를 메꾸는 실리콘밸리 기업들의 관습을 엔비디아가 피할 수 있을까? 보통 영향력 있는 창업자들이 떠나고 전문 경영인이 기업을 이끌면, 비전 중심이었던 기업이 각종 계획과 재무제표상 수치를 소위 '아름답게' 만드는 데 중점을 두는 쪽으로 바뀌곤 한다. 또한 매니지먼트팀에 월스트리트에서 온 인력들이 자리를 채우면서 스타트업 특유의 창업가 정신은 사라진다.

실리콘밸리의 사람들은 인력과 구조의 변화로 기존의 고유한 기업 문화를 잃게 되면 어떤 결말을 맞게 되는지 잘 알고 있다. 그들은 이전처럼 일사불란하게 실행하며 머리를 맞대고 일하기 어렵고, 현장의 일과 경영진의 일이 공유되지 못하고 갈릴 수밖에 없다는 것을 여러 기업을 겪으며 체감해왔다. 엔비디아가 비교적 작은 규모임에도 불구하고 오랜 기간 압도적인 가치를 실현하며 제품을 생산하고 있는 것은, 기술과 비전을 모두 갖춘 베테랑 창업자가 구심력이 돼주고 있기 때문이다.

궁극적으로 짐 콜린스가 이상화한 '단계 5'의 리더는 다음 리더를 위해 기업을 구조적으로 탄탄하게 만들어놓는 것을 중요한 요건으로 본다. 젠슨 황의 강력한 리더십 하에서 엔비디아는 기존에 없던 새로운 기업의 형태로 운영되며 앞으로 나아가고 있다.

젠슨 황은 여전히 많은 매니저급 부문의 실무 회의에 직접 참여해 기술의 세세한 부분까지 함께 토론한다. 물론 이런 막힘 없는 기업 문화가 조직에서 늘 매끄럽게 작동하는 것만은 아니다. 엔비디아의 직원들 사이에서는 수평적으로 자리 잡은 조직 문화로 인해 특정 프로젝트마다 오너십이 불분명하다는 평가도 제기되고 있다. 회의할 때도 매니저들이 리더로서 어떤 흐름과 자원을 명확하게 배분하기보다는 수평적인 관계에서 의견을 제시하려 들기 때문에, 뚜렷한 비전을 가진 리더가 부재하면 조직이 표류할 가능성이 있다고 보고 있다.

젠슨 황을 이을 리더는 어떤 모습이 되어야 할지에 대한 고민은 그 스스로가 가장 많이 하고 있을 듯하다. 스티브 잡스라는 탁월한 리더의 빈 자리를 팀 쿡Tim Cook이라는 리더가 다른 방식으로 채워나갔듯이, 엔비디아도 자사만의 후계자 양성 시스템이 필요한 상황이다. 엔비디아의 2인자로 1994년에 합류해 30년 동안 함께 일한 제프 피셔Jeff Fisher가 다음 리더로 언급되고 있지만, 그는 이미 젠슨 황보다 나이가 많아 그와 함께 은퇴할 세대로 꼽힌다. 엔비디아의 최고기술책임자CTO 마이클 케이건Michael Kagan 역시 마찬가지다. 메타로 사명을 바꾸면서 C레벨급의 리더를 새로 선임해 후계자 양성 의지를 본격화하고 있는 마크 저커버그의 방식과도 차이가 있다.

실제로 젠슨 황은 이미 15년 전부터 엔비디아의 다음 리더에 대해 자신의 의견을 내비치며 향후 후계자 양성에 관한 의지를 피력해 왔다.

**"제가 가장 나쁘고 독성毒性적인**
**후계자 양성 방법이라고 생각하는 것은,**
**서너 명의 리더를 점찍어놓고**
**제가 불의의 사고를 당할 것을 대비해**
**이사회 구성원들에게 그들 중 한 명을**
**선택해달라고 하는 것입니다.**
**밀실에서 이루어지는 이런 일들은**

직원을 막연하게 추측하도록 만듭니다.
리더로 '누가 선택됐고, 누가 탈락했지'
하고 말이죠.
그래서 저는 이 같은 방법 대신에
가능성 있는 여러 리더를 양성하는 것이
이사회에도 선택권을 높이고,
조직으로서도 받아들일 수 있는
건강한 방식이 될 것이라고
생각합니다. "[18]

젠슨 황은 기술에 대한 남다른 이해도와 비전으로
엔비디아를 30년 넘게 이끌면서 엔비디아의 최전성기
를 만들어냈다. 많은 테크 기업들의 창업자가 설립 초기
에 회사를 성장시킬 때는 뛰어난 역량을 발휘하지만, 이
후 새로운 기술의 흐름에 복잡도가 더해지면서 점점 기
술 리더십을 잃는 것과는 전혀 다른 행보다. 90세까지 현
역으로 일하기를 원하는 젠슨 황의 앞으로의 과제는 엔
비디아가 주도권을 쥘 수 있는 시장의 전성기를 최대한
길게 이어가는 일일 것이다. 동시에 향후 10년 동안 엔
비디아의 팀 쿡이 될 만한 리더들을 여럿 양성하고, 그에

맞는 시스템을 재확립하는 것이다. 그 과정에서 기존의 학습 방식을 답습하지 않으려면 기존 방식을 과감히 잊고Unlearn 새로운 혁신을 만들기 위한 재학습Relearn을 시도해야 할 것이다. 엔비디아의 리더로서 젠슨 황은 이 어려운 과제들을 또다시 해내야 하는 사명을 맡고 있다.

황이법칙

_Huang's Law

4장

한때 실리콘밸리의 계절과 트렌드를 좌우하는 존재는 애플이었다. 이를테면 2007년 첫 아이폰이 출시된 이후로, 매년 신학기가 시작되는 9월에는 애플의 신형 아이폰 광고가 도배됐다. 식당과 카페는 물론이고, 테크 기업의 개발자들 밋업(Meetup: 네트워크 구축 행사)에서도 아이폰 출시 소식이 화제에 올랐다. 통상적으로 3월에는 PC 라인인 맥북과 맥스튜디오를 비롯해 주변기기들이 잇따라 출시됐다. 그렇게 시간이 애플을 중심으로 흐르던 때가 있었다.

물론 매년 6월에 열리는 애플의 '세계개발자회의 WWDC'는 여전히 화제성이 높다. 이때 애플의 새로운 제품과 기술이 공개될 뿐만 아니라 애플이 추구하는 기업 방향성도 알 수 있기 때문이다. 최근 몇 년 전부터는 애플의 자체 시스템 온 칩System on Chip, SoC의 향상되는 스펙에 세간의 관심이 옮겨가는 한편, 2023년 6월에는 애플의 공간 컴퓨터 '비전 프로'가 공개돼 큰 관심을 끌기도 했다. 2024년 6월 WWDC에서는 개인형 인공지능 애플 인텔

새로운 혁신의 진원지, 엔비디아 GTC(출처: 엔비디아 홈페이지)

리전스를 선보이며 애플의 AI 출격을 알렸다. 하지만 생성형 AI의 등장 이후 실리콘밸리의 사람들에게 혁신의 진원지는 바뀌었다.

　　이제 실리콘밸리의 최대 관심은 매년 3월에 열리는 엔비디아의 최대 컨퍼런스인 'GTC'로 향하고 있다. 이 행사에서는 엔비디아가 발표하는 새로운 아키텍처를 통해 AI 시장의 방향성과 발전 수준을 가늠할 수 있기 때문이다. 또 이를 바탕으로 AI 인프라는 물론, 관련 생태계를 이루는 기업들의 현 상황과 기술 수준을 확인할 수도 있다.

　　엔비디아가 최대 호스트로 참여하는 매년 7월에 열

리는 컴퓨터그래픽 분야의 최대 축제인 '시그라프'도 이전과는 다른 주목도를 갖게 됐다. 기존에는 컴퓨터그래픽 전문가들 위주의 특화된 전시회였다면, 이제는 전 산업군에서 두루 주목하는 주류 행사가 됐다. 엔비디아의 위상이 높아지면서 변방에서 주류로 올라선 것이다. 시그라프에서는 엔비디아에서 새롭게 출시되는 아키텍처의 성능과 세부 사항 등이 공개된다. 그뿐만 아니라 엔비디아와 파트너십을 맺는 기업의 행보를 살펴, 이들 기업이 관련 생태계와 경제에 미칠 영향을 가늠해 볼 수 있기 때문에 모든 시장의 관심이 집중되는 가장 뜨거운 행사가 되었다.

# 무어의 법칙에서
# 황의 법칙으로

실리콘밸리 이슈의 중심이 엔비디아로 변화한 데는 생성형 AI가 거스를 수 없는 흐름이 된 것 외에도 한 가지 주요한 이유가 있다. 기술 업계에서 엔비디아는 꾸준히 새롭고 혁신적인 제품을 내놓는다는 믿음이 있기 때문이다. 이전에 애플의 아이폰 출시 행사가 해마다 큰 관심을 끌었던 이유도, 애플은 매년 새로운 혁신을 내놓는다는 믿음이 지속적으로 재확인됐기 때문이다.

최근 몇 년간 신제품을 출시할 때 애플 직원들이 가장 두려워하는 반응이 '전년과 똑같은 버건디 셔츠를 선물로 받은 할아버지' 이미지 밑에 '새 아이폰으로 업그레

이드한 나'라는 자막이 달린 밈이라는 우스갯소리도 있
다. 실제로 스티브 잡스의 딸 이브 잡스Eve Jobs가 2022년
9월 출시된 아이폰14를 두고 자신의 소셜 미디어에 이
같은 밈을 업로드해 반향을 일으키기도 했다.

이제 혁신에 대한 믿음을 재확인시켜주는 곳은 엔비
디아다. 2024년 3월 캘리포니아주 새너제이의 SAP센터
에서 진행된 GTC 2024 기조연설에서 젠슨 황은 이같이
선언했다.

**"호퍼도 환상적이지만
그것만으로는 부족합니다.
우리에게는 더 큰 GPU가 필요합니다."**

2019년 이후 처음 오프라인으로 진행된 이 행사는
5년 전과는 완전히 다른 주목도와 위상을 갖게 됐다. 이
날 아레나형 컨벤션센터에서 무대를 둘러싼 1만 1,000여
명 청중의 시선은 단 한 사람, 젠슨 황에게 꽂혔다. 패턴
이 두드러진 가죽 재킷 차림의 젠슨 황은 오른손에 정방
형 포스트잇 메모지 크기의 칩을 꺼내 들었다. 2년 전 출
시된 호퍼Hopper를 대체하는 새로운 아키텍처를 기반으

로 만든 '블랙웰' 칩이었다. 이 발표 직전까지만 해도 최신 호퍼 시리즈인 H100이 개당 3~4만 달러에서 거래되고 있었다. 부르는 게 값인데도, 그마저 물량이 부족해 많은 테크 기업들이 목을 빼고 기다리고 있는 상황이었다. 상당수 기업이 이 제품을 받기 위해 약 2년의 대기 기간을 예상하고 있었다. 그런 와중에 트랜지스터 개수가 2,080억 개에 달하는 블랙웰 칩이 공개되자 모든 사람의 시선이 온통 그의 오른손으로 향했다. 그의 왼손에 쥔 호퍼는 순식간에 눈에 들어오지 않을 정도로 작아 보였다. 대기 명단의 고객들이 더 이상 간절히 원하던 제품이 아니게 되었다.

뒤이어 많은 테크 기업의 거물들이 블랙웰의 출시에 앞다퉈 기대감을 전했다. 눈도장을 제대로 찍어야겠다는 듯이 화려한 수사와 적극적인 구애를 펼친 실리콘밸리 거물들의 명단은 끝이 없었다. 순다르 피차이Sundar Pichai 알파벳 CEO와 마크 저커버그 메타 창업자를 비롯해, 앤디 제시Andy Jassy 아마존 CEO, 사티아 나델라 마이크로소프트 CEO, 샘 올트먼 오픈AI CEO 등 수많은 유력 인사들이 엔비디아에 찬사를 보냈다.

평소 칭찬을 즐기지 않는 일론 머스크 테슬라 CEO

도 극도의 찬사를 표했다. 한때 샘 올트먼 등의 연구자들과 오픈AI를 공동 설립했던 머스크는 2023년에 AI 연구소인 x.AI를 직접 설립했고, 오픈AI와의 경쟁에서 승리하기 위해 엔비디아의 H100 확보전을 벌였다. 이날 머스크는 다음과 같이 간결하지만 묵직한 한마디를 남겼다.

### "현재 엔비디아의 AI 가속기를 뛰어넘는 건 어디에서도 찾을 수 없습니다."[1]

엔비디아를 찬사하기 위한 긴 대기 명단에 저마다 이름을 남긴 기업가들을 흥분시키며 등장한 이 괴물 칩은 게임 이론에 정통한 수학자 데이비드 블랙웰David Blackwell의 이름을 본떠 만들어졌다(블랙웰은 미국 국립과학아카데미에 이름을 올린 최초의 흑인 학자다).

불과 2년 전인 2022년 3월에 온라인으로 진행된 GTC 2022에서 공개된 호퍼 아키텍처는 A100, H100 GPU에 적용됐다. 같은 해 11월에는 오픈AI의 챗GPT가 등장해 15년 역사의 모바일 시대를 마치 끝낼 듯이 모든 것을 바꿔놨다. 챗GPT가 생성형 AI 분야에 '아이폰 모먼트(아이폰이 모바일 혁명을 일으키며 새로운 시대를 연 것과 같은 기념비적 순간)'를 일으키자, 생성형 AI의 엔진이라 할 수 있는 'AI 가속기' 시대가 막 개막했다. H100은 AI 가속기 인프라 확보전의 중심에 있었다.

이제 생성형 AI로 창업하거나 비즈니스 모델을 구축하기 위해서는 심지어 인재보다 먼저 A100, H100을 확보해야 했다. AI 기업을 설립할 때 인재보다 AI 가속기를 확보하는 것이 우선순위가 된 것이다. 또한 미국 정부는 미·중 갈등을 겪고 있는 가운데 중국의 AI 산업 경쟁력을 약화시키기 위해 엔비디아의 이 제품들을 수출 통제하는 데 전력을 기울였다.

그런데 엔비디아는 호퍼 아키텍처 기반의 H100의 뜨거운 인기에도 불구하고 호퍼의 수명을 제 손으로 단축시켰다. 호퍼를 뛰어넘는 블랙웰 아키텍처의 시대를 선언한 것이다. 블랙웰 기반 차세대 GPU 칩인 B100, B200을 공개하는 한편, B200 2개를 그레이스 CPU와 연결한 뒤 최신 NV링크를 적용해 데이터 전송을 최적화한 제품 GB200 NVL72도 소개했다.

이 같은 신제품 출시 및 기존 제품의 교체 주기는 일종의 법칙처럼 여겨져, 이른바 '엔비디아 시간표NVIDIA schedules'라는 말이 생겨났다. 엔비디아의 한 직원은 여느 테크 기업들이 따라올 수 없는 자사의 남다른 실행 속도를 치켜세우며 이렇게 표현하기도 했다.

"엔비디아만 한 실행 속도를 갖춘 곳은 없습니다. 만약 인텔, AMD 등 경쟁 업체에서 '엔비디아 시간표'에 따라 신제품을 출시한다면, 업계 전체가 그야말로 깜짝 놀랄 것입니다."[2]

엔비디아 시간표 자체가 차별점이 될 정도로 빠른 제품 주기를 갖게 된 것은 엔비디아가 기본적으로 끊임없는 성능 개선을 속성으로 하는 반도체 업계에서 살아남으려 전쟁을 벌이듯 치열하게 노력해왔기 때문이다. 엔비디아의 공식 회사 소개서인 '우리의 이야기Our Story'에서 엔비디아는 속도를 성공의 핵심 요소로 꼽았다. 실제로 엔비디아는 반도체 업계의 바이블이자 물리 법칙으로 자리 잡은 '무어의 법칙Moore's law'에 따라 제품을 출시해온 거의 유일한 기업이다. 2년마다 집적회로의 트랜지스터 수가 2배로 증가하고, 비용은 절반으로 줄어든다는 무어의 법칙은 엔비디아에게 시장의 수요와 관계없이 기술 혁신을 도모하는 기준이 됐다.

일찍이 젠슨 황은 무어의 법칙을 반도체 업계의 발전 과정에서 혁신을 촉진하는 매개체로 보고 그 중요성을 높게 평가했다. 그는 스탠퍼드대학교 기술 벤처 프로그램의 일환으로 진행된 강연에서 이같이 말했다.

> **"엔비디아 비즈니스의 핵심 기반은**
> **반도체 기술입니다.**
> **실리콘밸리에서는 보통 반도체 기술을**
> **'무어의 법칙'의 영역으로 봅니다.**
> **무어의 법칙은 단순한 물리 법칙이**
> **아니라**
> **경쟁의 법칙입니다.**
> **한계에 도전하는 법칙이고,**
> **속도를 설정하는 법칙입니다."** [3]

엔비디아는 경쟁사와 경쟁하는 대신 '무어의 법칙'을 기준으로 두고 자신과의 승부를 펼쳐나간 것이다. 시간이 흘러 무어의 법칙의 원조(이 법칙은 인텔의 공동 창업자인 고든 무어Gordon Moore가 1965년에 처음으로 제시했다)인 인텔에서조차 CPU의 성능 개선 측면에서 이 법칙이 한계에 봉착했다고 밝힌 이후에도, 엔비디아는 무어의 법칙을 고수했다. 뚜렷한 경쟁자가 없는 상황에서 엔비디아가 끊임없이 자가 발전이 가능했던 이유는 무어의 법칙을 기준으로 '절대 속도'와 '절대 방향'을 잃지 않았기 때문이다.

많은 경쟁 업체들이 하나둘 자취를 감추는 동안에도 엔비디아는 흔들림 없이 무어의 법칙을 밀고 나갔다. 그 결과 '엔비디아 시간표'가 업계 전반은 물론 대중의 인식에 깊이 자리매김할 수 있었다. 지금에야 많은 사람들이 '엔비디아 시간표'를 염두에 두고 출시에 대한 기대를 갖게 됐지만, 이전에는 관심받지 못하던 원칙이었다. 특히 사업 초기에는 고객들이 그래픽카드에 높은 수준의 성능 자체가 필요 없다는 인식이 있어서, 엔비디아가 성능 개선과 더불어 제품 가격을 높여 제시하면 예산 범위를 초과한다고 불평했다. 심지어 고객들이 더 많은 성능 향상을 원하지 않는다는 피드백을 제기하기도 했다. 성능 개선에 힘쓰는 기업 입장에서는 낙담할 수 있는 반응이었다.

여러 고객들의 부정적인 피드백에도 불구하고 꾸준히 자신의 길을 가는 것은 쉽지 않다. 제품의 성능을 계속

향상해 출시하는데, 정작 고객들이 이를 원하지 않는 상황이라면 대부분의 기업은 포기하고 말 것이다. 하지만 엔비디아는 달랐다. 고객들의 반응에 휘둘리지 않고 기본인 물리 법칙을 따르듯 무어의 법칙을 기준 삼아 성능을 업그레이드했다. 결국 이 고집스럽고 꿋꿋한 '황의 법칙'이 엔비디아를 승자로 만드는 데 큰 영향을 미쳤다.

> "3D 그래픽의 성능만으로 만족할 수는
> 없었습니다. 우리는 무어의 법칙에 따라
> GPU를 매년 2배씩 향상시켰습니다.
> 창업 후 첫 5년 동안은
> 시야에 블라인드를 내리고
> 고객의 의견을 신경 쓰지 않기로 했습니다.
> 고객은 중요하지만,
> 그들은 비즈니스의 본질적인 특성이나
> 잠재력을 모를 수 있기 때문입니다.
> 업계와 시장이 만들어지는 것은
> 해당 비즈니스에 대한 상식이
> 생기기 이전입니다.
> 기업가라면 이 점을 염두에 둬야 합니다."[4]

언뜻 '고객의 의견을 무시하라'라는 자극적인 구호처럼 받아들여질 수 있지만, 이는 사실과 다르다. 지금도 엔비디아는 전 세계의 컴퓨팅 인프라 할당권을 쥔 강력한 기업으로서 슈퍼 갑의 위치에 있지만 고객에게는 기꺼이 '을'이 된다. 고객의 의견을 누구보다 귀담아듣고, 고객의 피드백을 반영하며 제품을 완성해 나간다. 하지만 고객들의 피드백을 수용할 때 제품의 본질에 해당하는 영역까지 휘둘려서는 안 된다는 취지다. 어디까지나 자사가 만드는 제품의 본질과 타협 가능한 선에 대해서는 스스로가 가장 잘 알아야 한다는 것이다. 결국 엔비디아가 만드는 제품은 엔비디아가 가장 잘 안다는 확신이 있었기에 과감히 다른 의견들은 무시하고 개선을 도모할 수 있었던 것에 가깝다.

엔비디아는 고객의 목소리도 중요하지만, 산업의 흐름을 이해하고 자사가 추구하는 기술의 방향을 믿었기에 무어의 법칙을 따라 끊임없이 제품의 성능을 개선했다. 그리고 어느 순간, 무어의 법칙을 넘어섰다!

젠슨 황은 GTC 2024에서 차세대 블랙웰 시리즈를 공개한 지 3개월 만인 2024년 6월 대만 타이베이에서 열린 '컴퓨텍스COMPUTEX 2024' 기조연설에서 또 한 번의 깜짝 선언을 했다. 블랙웰을 이을 후속작인 차세대 아키텍처 '루빈Rubin'을 2026년부터 양산할 것이라고 예고한 것이다. 더불어 우주 암흑물질과 은하 회전 속도를 연구한 미국의 천문학자 고故 베라 루빈Vera Rubin의 이름을 본떠, 같은 시기 출시될 차세대 CPU의 이름은 '베라Vera'로 명명했다.

자세한 사항은 공개되지 않았지만 루빈 GPU에 들어가는 메모리는 6세대 고대역폭 메모리HBM인 'HBM4'를 최초로 탑재할 것이라고 언급해 반도체 업계가 술렁이기도 했다. 차기작을 공개한 지 한 계절이 지나기도 전에 후속작을 예고하며 '엔비디아 시간표'를 기존 2년에서 1년으로 앞당기겠다는 파격적인 선언은 반도체 업계에 커다란 충격을 줬다. 차세대 아키텍처의 출시 주기를 무어의 법칙에 따른 2년 간격으로 삼았던 것조차 원점에서 재검토한 결과다.

젠슨 황은 AI 칩에 대해 강조하며 확신에 찬 목소리로 이렇게 말했다.

**"컴퓨팅의 미래는 가속화된다는 것이 핵심입니다.**

우리는 AI와 가속 컴퓨팅의 혁신으로
무엇이 가능할지의 경계를 최대치까지
밀어붙이며 기술 진보의 다음 물결을
앞당기고 있습니다.
이제 우리는 (2년 주기가 아닌) 1년 주기의
리듬을 갖게 됩니다.
우리의 기본 철학은 단순합니다.
전체 규모의 데이터센터를 짓고,
이를 분해해 1년 리듬으로
고객들에게 필요한 부품을 제공하고
기술의 한계를 끝까지 밀어붙이는
것입니다."[5]

# 빛의 속도로 대응하라:
## 절대속도

엔비디아에서는 무어의 법칙만큼이나 강조되는 것이 있다. 어떤 주제든 군더더기 없이 말하는 젠슨 황이 넘칠 정도로 자주 여러 번 이야기하는 세 글자가 있다면, 그것은 바로 'Speed Of Light(빛의 속도, 이하 SOL)'이다. 여기서 빛의 속도는 단순히 빠른 실행 속도로 요약되지 않는다. 어떤 문제를 해결하려 할 때 '절대적인 속도'를 고민하라는 것이다. 절대적인 속도란 불변을 의미하고, 비교 대상에 따라 달라지지 않는다.

경쟁 업체와 비교한 상대적인 속도가 아닌 절대적으로 빠른 속도를 지향하는 'SOL' 문화는 오늘날의 엔비디아를 만드는 데 크게 기여했다. 이는 엔비디아 구성원들이 입사 시기와 지위에 관계없이 가장 밀접하게 체감하는 요소이기도 하다.

일반 기업에서는 생소할 수 있는 엔비디아의 SOL 개념은 그 의미의 본질이 물리 법칙에서 비롯된 것이기 때문일 것이다. SOL 개념은 다음과 같이 세 단계로 구성된다.

첫 번째 엔비디아 직원들은 특정 기술이 활용된 신제품을 개발할 때, 현재의 자원과 기술 개발로 그 어떤 제약도 없다면 나아갈 수 있는 '최대치'의 수준을 예상한다. 이를테면 빛은 무중력 상태에서 낼 수 있는 절대속도가 있지만 대기의 밀도, 온도 등에 따른 외부 요인으로 굴절도가 달라져 속도에 영향을 받을 수 있다. 이런 외부 요소를 배제했을 때 가장 빠르게 갈 수 있는 속도와 최대치의 수준을 예측하는 것이다.

두 번째 단계는 '역추적' 과정이 핵심이다. 예측해본 최대치의 수준을 현재의 투입 가능한 자원과 인력, 마감, 일정 등을 고려해 시뮬레이션을 거쳐 목표하는 시간과 수준을 재조정한다. 현재의 자원과 기술 개발 속도로 해낼 수 있는 최대치의 수준을 미리 예측한 뒤 '수익화'를 극대화하기 위해 덜어내는 방식에 가깝다.

세 번째 단계는 최종적인 목표 지점과 수준을 결정하면 최대한 빠르게 실행하는 것이다. 이때부터는 속도를 얼마나 낼 수 있느냐에 따라 성공이 좌우된다.

이와 비슷한 맥락에서 엔비디아 직원들 사이에 회자되는 유명한 에피소드 하나를 소개해보겠다. 엔비디아는 회사에 출입하는 전 직원을 대상으로 '드라이브 스루' 방식을 적용해 얼굴 인식 시스템을 도입한 적이 있다. 직원들이 카메라 앞에 멈춰 서지 않고도 움직이는 물체를 알아서 인식하도록 해 보안의 효율성을 높인 것이다.

당시 젠슨 황은 직접 이 인식 시스템을 테스트했는데, 그 방식이 거침없어 놀라움을 자아냈다. 그가 알고리즘이 적용된 카메라 앞을 빠른 속도로 뛰어서 지나간 것이다. 사실 회사에 출입하면서 보안 게이트에 뛰어 들어오는 직원들은 없겠지만, 어떤 경우에도 대비할 수 있도록 절대적인 기준을 높여야 한다는 의미였다. 이후에 기술을 덜어내는 것은 쉽기 때문이다.

SOL 개념도 기업의 정체성과 핵심 사업이 계속해서 피벗(방향 전환)을 진행하는 과정에서 그 의미와 실행 방식이 변화해왔다. 그런 이유로 엔비디아 직원들이 어느 시기에 입사했는지 등에 따라 각자가 인지하는 SOL 개념 역시 약간씩 차이가 있다.

엔비디아 직원들이 설명하는 SOL에는 또 다른 의미도 있다. 모든 프로젝트의 타임라인을 계산할 때, 흔히 '그럴 것이다'라고 생각해 통념처럼 세우는 모든 단계의 최적 속도 사이에 '간극'을 최대한 줄이는 것이다. 제1원리 사고에 기반해 모든 과정에서 세운 전제를 의심하고 검증하는 것이다. 엔비디아 직원들은 모든 선입견을 배제한 채 전체 스케줄을 새롭게 설정하는 것에 익숙하다. 이는 매번 비슷한 공정으로 이루어지는 신제품 출시까지의 시간표를 짤 때도 마찬가지다.

## '모든 공정의 요소와 방식을 재점검하라.'

이러한 원칙은 엔비디아가 곤경에 처했을 때 기사회생하는 데 결정적인 역할을 했다. 1장에서 엔비디아가 보유 자금으로 운영할 수 있는 기간이 고작 6개월 남았을 때 브링업 기간을 대폭 단축한 일화를 소개한 바 있다. 이 과정에서도 최적화를 위한 간극 줄이기가 해법이 됐다.

1995년에 출시된 NV1을 만들 때 엔비디아에서는 GPU 출시 직전에 대만의 파운드리(Foundry: 반도체 위탁 생산) 기업인 TSMC로부터 설계한 칩을 받아보는 '테이프아웃Tapeout'부터 이를 테스트하는 과정인 '브링업' 단계에 최대 1년이 넘는 시간이 걸렸다. 칩이 제대로 작동하는지 확인하고, 칩에 소프트웨어를 설치한 후 이를 가동해본 뒤 제대로 기능하는지 확인하며 오류를 검증하는 것이다. 그러나 이 같은 공정 자체가 까다롭기에 단번에 정상 작동하는 일은 드물었다. 즉, 오류에 대한 피드백을 적용한 뒤, 이를 반영한 새로운 칩을 받는 테이프아웃 절차를 여러 번 거쳐야 했다. 그 와중에 네 계절이 지나가는 것은 흔한 일이고, 기업 입장에서는 시간과 돈이라는 막대한 기회비용이 소요되는 일이었다. 특히 파산을 목전에 둔 기업으로서는 생사여탈이 달린 문제였다.

1997년에 그래픽카드 제품인 '리바 128'을 출시하기 직전의 엔비디아의 상황은 위태로웠다. 삼각형 표준 대신 사각형 표준을 채택했던 NV2를 개발 중에 접어야 했고, 자금은 바닥나고 있었다. 파산을 막기 위해서라도 신제품을 빠르게 출시해야만 했다. 이전처럼 여러 번의 테이프아웃 과정을 거칠 수 없다는 것을 뜻했다. 보유한 자금으

로 버틸 수 있는 기간은 단 6개월뿐이었다. 무조건 브링
업 기간을 단축해야 했다.

　　당시 치열한 고민 끝에, 젠슨 황은 기본으로 돌아가
는 길을 택했다. 거꾸로 생각해서 어떤 방식을 '선택'하고
'집중'할지를 고민했다. 테이프아웃을 한 번으로 끝낼 수
있도록 실제로 가능한 모든 가정을 재점검해 최적화까지
의 간극을 최대한 줄여보자는 것이었다.

　　이에 브링업 과정이 1년이 소요된다는 전제의 근거
들을 모두 재점검하는 데 나섰다. 칩을 받아본 상태에서
소프트웨어를 탑재하고 오류를 점검하는 대신, 칩이 도
착하기 전에 소프트웨어를 미리 설치한 뒤 모든 시뮬레
이션을 끝내보자는 식으로 방향을 선회했다. 이 과정에
서 턱없이 부족한 자금에도 불구하고 에뮬레이션(emula-
tion: 여기서는 반도체 칩이 제조되기 전, 특정 컴퓨팅 환경
을 시뮬레이션해 새로운 프로세서의 성능을 테스트하고 오
류를 수정하는 것을 말한다) 기기를 구입해 모든 오류를
검증하는 것에 매달렸다. 에뮬레이터emulator는 수백만 달
러에 달하는 고가의 장비였기에 파산까지 6개월 남은 기
업에게는 그야말로 과감한 결정이었다.

　　이전처럼 수없이 테이프아웃 및 브링업을 반복할 여

유가 없던 당시 에뮬레이터를 활용해 24시간 내내 3교대로 직원들이 이 같은 과정을 반복해 시험할 수 있었다. 그 결과 테스트 프로세스의 속도가 이전 대비 1,000배 가까이 빨라졌고, 첫 테이프아웃으로 받은 칩이 성공적으로 작동했다. 결국 테이프아웃부터 브링업까지의 기간을 절반 수준인 6개월로 줄이는 데 성공한 것이다.

"보통 회사가 칩을 만들고,
그 위에 소프트웨어를 입히고,
버그를 고친 내용을 반영해서
(제조사로부터) 새로운 칩을 받아
이 과정을 반복하는데,
이 방식이 작동할 수 없는 상황이었어요.
우리는 단 6개월만 버틸 수 있었고,
한 번에 칩을 테이프아웃해야 한다면
하나의 완벽한 칩을 만들어야만 하는 것이
맞는 논리였죠.
우리에게는 단 한 발의 총알이
있을 뿐이었으니까요.
에뮬레이터를 통해서

**가상으로 칩을 만든 뒤,**
**이 위에 소프트웨어를 비롯해**
**모든 컴퓨팅 스택을 설치해서**
**할 수 있는 한 모든 것들을 테스트하고**
**에뮬레이터상에서 돌려봤죠."**[6]

이렇게 1997년 8월 빛을 보게 된 '리바 128'은 앞서 출시했던 NV1, NV2의 처참한 실패를 만회하고, 출시 4개월 만에 100만 개가 팔려 밀리언셀러 제품에 등극했다. 리바 128은 엔비디아의 이름을 널리 알린 사실상 첫 데뷔작이 됐다. 이후 엔비디아는 이 시험 방식을 후속 제품의 제조 공정에도 도입해 제품 개발 사이클을 앞당겼다. 이는 '엔비디아 시간표'의 명성을 드높이는 계기가 됐다. 그 결과 1999년에 출시된 지포스 256은 세계 최초의 GPU로 널리 알려지면서 엔비디아가 탄탄대로에 오르는 데 시금석 역할을 했다. 이를 계기로 엔비디아의 그래픽 카드는 3D 그래픽을 위한 가속기를 넘어 독립적인 프로세서로 역할하게 됐다.

SOL 개념은 GPU 공정에만 해당되는 이야기가 아니다. 엔비디아의 자율주행, 로보틱스, 메타버스 등 모든 부문에 적용된다. 엔비디아의 한 직원은 이렇게 설명했다.

"애초에 경쟁 업체의 속도를 생각할 필요가 없습니다. 절대속도에서 현재의 자원과 기술 개발 속도를 고려해 나아갈 수 있는 최대치의 수준을 가보면, 다른 제품이 나올 수 있는 속도와 방향도 자연스레 파악할 수 있기 때문입니다. 결과적으로 우리 회사의 속도와 수준이 절대적으로 빠르고 높을 수밖에 없는 것은 그런 이유 때문입니다."[7]

제품을 제작할 때 설계, 엔지니어링 등 공정의 앞 단계에 포진한 직원들이 절대적인 속도를 요구받아 모든 가정을 원점에서 재검토하면서 최적화를 위한 '간극'을 줄여간다. 이후 품질 관리, 패키징 등 후속 단계의 공정을 담당하는 직원들은 엔비디아의 시간표가 무리 없이 돌아갈 수 있도록 하는 데 모든 역량을 발휘한다. 제품을 최종적으로 선보이기로 한 데드라인이 있다면 후공정에 드는 시간은 뒤로 갈수록 촉박해지는 것이 사실이다. 하지만 이 때문에 시간표를 늦추는 일이 발생하지 않도록 미리 계획하고 여러 가지 대안을 준비하는 것도 이들이 SOL을 실행하는 방식이다.

"(애초 2024년 2분기쯤 출하를 예상했던)
블랙웰의 출하가 늦어지고 있지만,
우리의 일이 달라지는 것은 없어요.
시간이 늦어진다고 해도
우리가 할 일은 달라지는 게 없고,
미리 여러 백업 플랜을
가동하고 있습니다.
언제든 다음 공정으로 넘어왔을 때
최대한 SOL을 성공적으로 수행하는 것이
각자가 맡은 역할이죠."[8]

사실, 사전 조사를 할 때만 해도 관련 테크 업계의 절대 강자인 엔비디아에 AI 칩의 완성도를 최대한 끌어올리는 비밀 공정이나 특별한 장치가 있을 것이라고 생각했다. 그도 그럴 것이 31킬로그램에 달하는 GPU 랙에는 3만 5,000여 개의 부품이 장착돼 있다. 통상적으로 차량 한 대당 들어가는 부품이 약 2만 5,000~3만 개라는 점을 고려하면 크기 대비 복잡성은 이루 말할 수 없을 정도로 크다. 게다가 이 같은 GPU 위에서 완벽히 호환되는 'CUDA'를 비롯한 각종 소프트웨어를 염두에 둔다면 어떤 흠결도 용납돼서는 안 될 것이다. 이 때문에 완성도만을 높이는 단계가 추가적으로 있을 것이라는 가정하에 많은 직원을 인터뷰했지만 돌아온 답변은 하나같았다. 'SOL'이 가장 큰 비결이라는 것이다. 좀 더 풀어 설명하면 최대한 많은 시뮬레이션으로 맞는 방향성을 확보해두고, 이를 실행할 때는 단번에 이루어질 수 있게끔 완벽에 가까운 초벌 작업을 해두는 상태에 가깝다. 이후 완성도가 떨어지는 것을 발견한다면 피드백을 실시간으로 반영해, 이를 바탕으로 반복 실행을 빠르게 여러 번 하는 개념이다.

SOL 방식과 제품의 완성도와 관련해 엔비디아의 한 직원은 이렇게 말했다.

"우리의 제품이 완벽을 추구하거나 100퍼센트 완성된 상태로 떠들썩하게 공개된다기보다는 불완전한 상태에서 계속 앞으로 나아가면서 진화하는 느낌이에요. 고객과도 매주 만나서 피드백을 받고, 이를 바탕으로 개선하는 사항들을 보여주며 함께 문제를 고쳐나가는 사고방식이 잡혀 있어요. 결국 투명하게 상황을 공유하고 소통하는 것과 피드백을 반영하는 속도를 높이는 것이 가장 큰 차이입니다."[9]

2023년 10월 팟캐스트 〈어콰이어드Acquired〉 인터뷰에서 밝힌 젠슨 황의 다음과 같은 경영 방식은 속도를 우선적으로 추구하면서 완성도를 높인다는 원칙을 떠올리게 한다.

**"기회 근처에 자신을 위치시킨다면 그렇게 완벽할 필요는 없습니다. 사과가 땅에 떨어지기 전에 잡을 수 없더라도, 사과를 집어 올릴 수만 있다면 나무 근처에 있으면 됩니다. (…) 제가 하는 일의 대부분은 회사를 기회 근처에서 움직이게 하는 것입니다. 그 과정에서 단계마다 수익을 창출할 수 있는 기술을 갖춰 지속 가능한 회사가 될 수 있도록 하는 것입니다."**[10]

엔비디아는 모든 과정에서 배운 교훈을 반영해 실수를 반복하지 않는 것을 가장 중요하게 여긴다. 매 순간 혁신을 반복하고 제품을 내놓을 때마다 더 나아지는 것을 추구하는 게 엔비디아의 목표다. 제품을 출시할 때마다 특정 시기에 100퍼센트 완벽한 상태로 결과물을 제시하는 것은 어려운 일이다.

속도를 내면서 완성도를 높이다 보니 필연적으로 고객들로부터 많은 피드백을 받을 수밖에 없다. 많은 기업들이 목을 빼고 엔비디아 제품을 기다리고 있기 때문에 컴퓨팅 인프라의 할당권이라는 엄청난 권력을 행사할 수 있음에도 불구하고, 엔비디아는 여전히 고객의 피드백을 유의 깊게 듣고 이를 반영하기 위해 신속히 움직인다.

젠슨 황이 직원들로부터 받는 '우선순위5' 메일에서도 항상 제일 먼저 관심을 기울이는 것은 고객 측에서 제기해 상사의 개입이 필요한 '확장escalation 이슈'다. 고객사가 제기한 문제는 심각성에 따라 최우선 순위에 놓고 이를 해결하려고 노력한다. 이 점이 많은 고객사의 마음을 사로잡는 비결이다.

엔비디아 고객사의 한 직원도 다음과 같이 말했다.

"엔비디아는 하나를 완벽하게 고치거나, 한 가지 아키텍처에서 풀리지 않는 문제에 오랜 시간을 들이기보다는 계속해서 시행착오를 거치며 그 교훈을 다음 세대의 제품 개발에 적용합니다. 어떤 순간에도 완벽하지 않다는 점을 이해하고 있다는 점이 엔비디아를 계속해서 움직이게 하는 동력이 되는 것 같아요."[11]

블랙웰의 디자인 결함으로 출하가 지연되고, 그로 인한 매출의 기회비용을 손실로 바라보는 시각이 우세해지면서 엔비디아는 순식간에 월가는 물론 많은 투자자들로부터 공격을 받았다. 지난 2년간 시장에서 절대적인 지지를 받았던 엔비디아로서는 뼈아픈 경험이었다. 이 같은 거센 후폭풍을 고려하면, 엔비디아 시간표를 애초에 보수적으로 잡고 접근하는 것이 시장의 혼란을 방지하는 안전한 선택이라는 결론을 내릴 수 있다. 하지만 엔비디아는 이런 혼란도 결과가 아닌 문제 해결의 과정으로 본다. 아직 제품은 출하되지 않았고 문제를 사전에 발견한 만큼 추가적으로 속도를 내면서 완성도를 높이는 방식을 택한다.

그 과정에서 발생한 출하 지연에 대한 날카로운 지적이나 엔비디아의 지속 가능성을 둘러싼 의심에 대응하는 태도는 방어적인 것과는 거리가 있다. 출하 시점을 앞당길 수는 없겠지만, 최대한 다양한 방식으로 소통하며 많은 사람들의 의구심을 달래기 위해 노력하는 태도가 돋보였다.

2024년 9월, 샌프란시스코 팰리스호텔에서 열린 '골드만삭스 커뮤나코피아 플러스 테크놀로지Goldman Sachs Communacopia+Technology'에서 데이비드 솔로몬David Solomon 골드만삭스 CEO와 젠슨 황과의 대담이 진행됐다. 이 자리에서 "엔비디아의 가장 큰 걱정거리가 무엇인가?"라는 질문을 받자, 젠슨 황은 이같이 대답했다.

**"우리의 어깨 위에**
**수많은 사람들이 있습니다.**
**모두가 우리를 믿고 의지하고 있죠.**
**수요가 너무 크다 보니**
**우리의 부품과 기술, 인프라,**
**소프트웨어의 딜리버리가**
**많은 사람들에게 감정적인 문제가 됐어요.**
**왜냐하면 우리의 제품이**
**그들의 매출과 경쟁력에 직접적으로**
**영향을 미칠 수밖에 없으니까요."[12]**

젠슨 황은 고객들이 높은 기대와 동시에 깊은 의존

도를 보이는 이유는, 엔비디아가 고객들에게 줄 수 있는 가치가 그만큼 핵심적이고 기업 경쟁력의 중요한 부분이 되고 있기 때문이라고 여긴다. 그는 이 점이 큰 스트레스를 준다고 털어놓으며 고객들의 요구에 따른 책임감을 인정하면서도 유머는 잃지 않았다.

**"(문제를 해결하려면) 잠은 덜 자도 괜찮습니다. 단, 3시간만 통잠을 자면 됩니다."**[13]

# 엔비디아의 성공을 이끈
# '창업자 모드'

엔비디아는 '작지만 큰 기업'으로서 오늘날의 강력한 위
치에 이를 수 있었던 가장 큰 성공 요소로 속도를 꼽고
있다.[14] '미션이 보스다'라는 지향점 아래 특별한 조직도
Organizational Chart 없이 일사불란하게 원 팀을 이루는 데
SOL이 강력한 프로펠러 역할을 한 것이다. SOL 개념처
럼 절대속도를 중시하는 기업 문화는 창업자가 경영 일
선에서 물러나면 전문 경영인이 그 자리를 이어받는 대
다수 실리콘밸리 기업에서는 찾아보기 어렵다. SOL 문
화가 가능하려면 가설을 검증하고 빠르게 실행을 반복할
수 있는 신속한 의사결정이 필수적이기 때문이다. 엔비디

아의 경우 창업자가 사업 전반에 대해 대부분을 인지하고 있고 빠르게 보고받을 수 있는 데다 강력한 의사결정권까지 갖고 있어서 그 개념을 사업에 적용할 수 있었을 것이다.

엔비디아의 가속 컴퓨팅을 나타내는 SOL 문화와 비슷한 기업 문화를 예로 들어 서로 어떤 차별점이 있는지 알아보자.

테슬라, 스페이스X, 솔라시티, 더보링컴퍼니The Boring Company, 뉴럴링크Neuralink, xAI, X 등 다수의 기업 경영에 직간접적으로 관여하고 있는 일론 머스크는 조직에 '광적인 긴박감'을 조성하기 위해 비상 체제인 '서지surge 모드'를 종종 발동한다. 기술적인 문제나 경영적인 위기 상황에 봉착했을 때 강력하게 비상 지휘 체계를 운영해 인력과 자원을 집중한다. 흥미로운 점은 실제 데드라인과 상관없는 경우에도 머스크가 제품 개발이나 기술 해결 문제에 빠져 있을 때면 비현실적인 일정을 고집한다는 것이다. 작업 현장에서 숙식을 해결하며 일주일이고 한 달이고 일에 몰두하는 일화는 익히 잘 알려져 있다. 이런 긴박감을 조성해 자사가 경쟁 업체들과는 다른 속도를 낼수 있게 하고, 직원들에게 강력한 동기부여를 일으킨다는 것이다.

애플의 스티브 잡스에게는 생전에 이른바 '현실 왜곡
장(Reality Distortion Field, 이하 'RDF'로 지칭함)'이라는
단어가 따라다녔다. 어떤 불가능한 목표라도 잡스가 말하
면 현실감 있게 다가와 비현실적인 일정임에도 임무를 완
수할 수 있게 한다는 것이다. 대표적인 예로 PC의 대중화
를 이끈 매킨토시 역시 잡스가 심은 조직 문화인 RDF의
산물이었다. 당시 개발팀의 대다수 의견은 불가능에 가까
운 일정이라고 했지만, 잡스는 1984년 새해 벽두에 매킨
토시를 출시하겠다는 일정을 꺾지 않았다. 출시일은 바
꿀 수 없는 상수가 됐고, 기술적 난관을 뛰어넘고 제품을
완성시키는 것은 팀원들의 몫이었다. 이 성공의 경험은
매번 출시되는 애플의 새로운 혁신 제품에도 적용됐다.
RDF는 애플 제품의 완성도를 끌어올리면서도, 제품들이
꾸준히 계절마다 출시될 수 있는 바탕이 됐다.

속도를 내세우면서 일사불란한 지휘 체계가 성공
적으로 작동한 데는 이들이 모두 창업자이자 '셰이퍼
(Shaper, 형성자)' 유형의 리더라는 공통점이 있다. 미국
최대의 헤지펀드인 브리지워터어소시에이츠Bridgewater

Associates의 창업자이자 위대한 투자자로 꼽히는 레이 달리오는 자신의 저서《원칙Principles: Life and Work》에서 비전에 해당하는 큰 그림과 세부 사항을 동시에 파악하는 능력을 지닌 동시에, 역경을 뚫고 비전을 구현할 수 있는 의지를 가진 리더를 셰이퍼로 분류했다. 그리고 대표적인 인물로 스티브 잡스와 일론 머스크를 예로 들었다. 책의 출간 시점이 늦어졌다면, 젠슨 황도 이 셰이퍼에 포함됐을 가능성이 크다.

　정보 교류가 빠른 만큼 피드백을 받아 이를 바탕으로 새로운 가설을 세워 다음 제품 개발에 적용해야 하는 업무 흐름이 중요하다. 매니지먼트팀에서도 현업 부서의 기술 회의에 폭넓게 참여하는 분위기가 조성돼 있다. 앞에서 설명했듯이 임원급으로 분류되는 시니어 디렉터나 부사장VP의 경우 다른 테크 기업들에서는 주로 경영진용 보고서를 받는 것이 관례이지만, 엔비디아에서는 다르다. 대다수 직원들의 업무 반경이 겹쳐 있고 정보가 빠르게 흐르기에, 보고를 위한 정보 공유에 드는 시간이 짧은 편이다. 이는 젠슨 황이 기술에 대한 이해가 높은 CEO로서 조직의 모세혈관 곳곳까지 자원 배분에 해당하는 혈액 순환을 막힘 없이 도와주는 심장 역할을 제대로 하고 있기에 가능하다.

엔비디아가 다른 기업들보다 비교적 적은 직원들로 운영됨에도 어떤 기업들보다 높은 생산성을 창출하며 빠르게 움직이는 조직을 만드는 데 SOL 문화가 기여했다는 것에는 의심의 여지가 없다. 엔비디아의 전체 직원 3만여 명은 시가총액 대비로는 압도적으로 적은 수이지만, 'SOL'로 대표되는 민첩함을 갖추기에는 굉장히 큰 규모다.

최근 실리콘밸리에는 '창업자 모드Founder mode' 방식을 둘러싸고 리더십 논쟁이 불붙었다. 대표적인 액셀러레이터인 Y콤비네이터Y Combinator의 창업자 폴 그레이엄 Paul Graham이 상당수 스타트업들이 일정 규모로 성장한 이후에는 창업자가 모든 일에 세부적으로 관여하는 '창업자 모드'에서 벗어나, 체계적이고 효율적인 운영을 중시하는 '관리자 모드Manager mode'로 변화해야 한다는 업계의 기존 상식에서 벗어날 필요가 있다고 주장한 것이다.

그레이엄은 이 주장을 뒷받침하는 대표적인 예로 에어비앤비Airbnb를 꼽았다. 그레이엄에 따르면, 2023년 기준으로 약 6,900명의 직원이 근무하는 에어비앤비의 창업자 브라이언 체스키Brian Chesky가 회사가 일정 규모 이상이 되면서 관리자 모드로 운영했더니 내부적으로 나쁜 결과가 발생하며 실패를 맛봤다고 설명했다. 체스키는 이후 스티브 잡스와 같은 창업자 모드로 운영 방식을 전환했는데, 그 결과 에어비앤비가 큰 성과를 내면서 창업자 모드가 유효하다는 것을 파악했다는 것이다.[15]

　창업자가 떠난 실리콘밸리 기업들은 이른바 '기관화Institutionalization' 과정을 거친다. 이를 '실리콘밸리 컴퍼니화'라고 표현하기도 한다. 창업자가 떠나고 뒤이어 CEO가 부임하면, 월스트리트의 금융 업계 등에서 새로운 얼굴들이 최고재무책임자CFO를 비롯해 최고운영책임자COO 등의 자리를 채우고 점점 경영진용 보고가 늘어나는 현상을 말한다. 그렇지만 실리콘밸리에서는 자칫 창업자 모드를 강조하는 것이 '권한 위임'을 최소화하고 마이크로매니지먼트(micromanagement: 관리자가 사소한 사항까지 과도하게 통제하는 '미시적 관리' 스타일)를 극대화해 독성적인 조직 문화로 연결될 수 있다는 우려의 목소리도 제기되고 있다.

　젠슨 황은 초강력한 '창업자 모드'를 한 조직에서 30년 넘게, 그리고 이 조직이 3만 명이 넘는 규모로 커질 때까지 발전시켜온 거의 유일한 리더라는 점이 업계에 시사점을 던져주고 있다. 장기간 큰 규모의 인원을 관리하며 강력한 창업자 모드를 행사하고 있지만, 업계의 어느 곳보다도 높은 실행 속도와 더불어 끊임없는 혁신을 이루어내고 있다는 점에서다.

그러나 빛이 있으면 그늘도 있는 법이다. 젠슨 황이 창업자이자 CEO로서 지금처럼 기업을 전반적으로 운영하고 의사결정을 담당하는 때에는 그 자체로 효과적일 수 있지만, 젠슨 황 이후에는 그의 부재가 기업에 '독'이 될 수도 있다. 다시 말해 젠슨 황 이후 엔비디아가 '실리콘밸리 컴퍼니화'를 거쳤을 때, 새로운 환경에서 가능한 절대속도는 어떤 방식인지에 대한 고민이 필요하다는 뜻이다. 이미 엔비디아는 스타트업 단계를 넘어선 지 오래고, 직원 규모도 3만 명에 달한다. 포스트 젠슨 황 시대에는 새로운 CEO가 펼칠 조직 문화와 또 다른 산업 흐름을 맞아 회사 내에 더욱 다양한 계층이 형성될 가능성이 높다. 젠슨 황을 이어받는 리더가 여전히 기존 방식으로 수십 명에게 보고를 받으면서 모든 사항 전반에 대해 실시간 소통하는 것이 어려워질 수도 있다.

즉, 진화된 SOL 개념과 조직의 소통법을 좀 더 효율적으로 대체할 수 있는 시스템 마련에 엔비디아의 지속 가능성이 달린 셈이다. 향후 엔비디아가 실리콘밸리 컴퍼니화라는 전철을 따르지 않고, 여전히 실리콘밸리 정신을 이어가는 혁신적인 기업으로 계속해서 진화할 수 있을지가 중요한 부분이다.

국내 기업들의 경우 현장 중심의 절대적인 권한을 가진 (젠슨 황과 같은) 리더가 역량을 발휘하는 것을 구조적으로 이미 뒷받침하고 있다. 이제 고유의 절대속도를 내기 위한 새로운 고민을 시작할 때다. "개별 직원들에게 어느 정도의 오너십을 줄 것인가?" 기존의 모든 전제를 원점에서 재검토하는 의사결정 혁신이 필요한 지금, '일하는 사람 따로, 결정을 내리고 책임을 지는 사람 따로'인 기존의 기업 구조에서는 실무자가 의사결정에 발언권을 얻기가 쉽지 않다. 이것은 장기적으로 일의 개별 단계에서의 의사결정을 늦출 뿐만 아니라 조직 전체의 속도 저하를 만성화할 수밖에 없다. 창업자 모드로 운영할 수 있는 강력한 리더의 존재뿐만 아니라 직원 개개인이 속도를 낼 수 있도록 구조적 장치를 마련해주는 것이 급선무다. 이를테면 속도와 완성도를 동시에 높이기 위해 선실행 후보고를 정착시키거나, 사안에 따라 보고 위계를 단순화해 실행과 피드백의 순환을 보다 빈번하게 진행하는 방식 등을 고민해볼 수 있다. 무엇보다도 절대속도가 더 많은 인력 투입과 노동 시간 투입이라는 해답으로 이어지지 않기 위해서는 제품 출시 등 시기별로 반복되는 일의 프로세스에 깔린 선입견이나 기존 전제를 새롭게 의심하고 검증할 수 있도록 구성원들 사이에 질문이 허용되는 문화를 구축해야 할 것이다.

무어의 법칙은
단순한 물리 법칙이 아니라
경쟁의 법칙입니다.
한계에 도전하는 법칙이고,
속도를 설정하는 법칙입니다.

# 누가 테크를 창출하라

## _NVIDIA's Core

5장

## "일론과 오픈AI 팀에게: 컴퓨팅과 인류의 미래를 위해 여러분에게 세계 최초의 DGX-1을 제공합니다."[1]

2016년 8월, 젠슨 황은 이 같은 감사의 말과 함께 엔비디아 최초의 AI 슈퍼컴퓨터 'DGX-1'의 첫 배달을 마쳤다. 생성형 AI 붐 이후 높은 성장세를 구가하고 있는 오늘날 엔비디아의 초석이 된 기념비적인 순간이라면 DGX-1을 직접 제작해 마침내 본체에 서명을 새겨넣던 순간이 아닐까.

당시 이 AI 슈퍼컴퓨터의 배송지는 이제 막 비영리 단체로 설립 신고를 마친 샌프란시스코에 위치한 '오픈AI'라는 스타트업 사무실이었다. 이 업체의 팀원들을 대표해 일리야 수츠케버Ilya Sutskever라는 과학자가 감사 인사를 전했다.

오픈AI의 공동 창업자인 수츠케버는 '딥러닝의 대

부'로 불리는 컴퓨터과학자 제프리 힌턴Geoffrey Hinton의 제자로도 알려져 있다. 그는 일찍이 인공신경망 알렉스넷AlexNet 개발에 참여해 2012년에 개최된 이미지 인식 대회에서 1위를 차지하기도 했다(DGX-1과 관련 인물들에 얽힌 이야기는 나중에 좀 더 자세히 다룰 것이다). 참고로, 수츠케버는 또 다른 오픈AI의 공동 창업자이자 2023년 11월 전 세계를 뜨겁게 달군 샘 올트먼Sam Altman CEO 축출 사태의 중심인물이기도 하다(수츠케버는 2024년 6월 오픈AI를 떠났고, 그와 동시에 SSISafe Superintelligence를 설립해 같은 해 9월 세콰이어캐피탈로부터 10억 달러 투자 유치에 성공했다.

2016년 8월 수츠케버는 한 인터뷰에서 DGX-1에 관해 이같이 평가했다.

"DGX-1은 거대한 진보 그 자체입니다.
(···) DGX-1은 이전에는 전혀 탐구하지
못했던 문제들을 풀 수 있게 할 뿐만
아니라, 많은 사람들이 달성할 것이라
상상도 못 했던 수준의 일들을
가능하게 할 것입니다."[2]

그로부터 6년 뒤, 스타트업 오픈AI는 생성형 AI라는 거대한 빅뱅의 중심이 됐다. 사람들이 정보를 검색하고 활용하는 방식을 바꾼 대화형 AI인 '챗GPT'를 공개하면 서부터다.

마찬가지로 당시 오픈AI 공동 창업자 중 한 명이었던 일론 머스크도 젠슨 황에게 트위터(현 X)를 통해 기쁜 마음을 전했다.

**"AI 기술의 민주화를 위해 오픈AI에 최초의 슈퍼컴퓨터 DGX-1을 기증해준 엔비디아와 젠슨 황에게 감사를 표하고 싶습니다."** [3]

일론 머스크가 감사 트윗을 날린 2016년 8월 10일 엔비디아 주가는 15달러 수준이었다. 8년이 지난 2024년 9월 현재 엔비디아 주가는 120달러선을 오르내리고 있다(엔비디아는 2024년 6월, 주식 1주를 10주로 쪼개는 액면분할을 단행했다). 생성형 AI 붐으로 인해 실적과 순이익이 모두 압도적인 상승 곡선을 그리면서 2024년 6월 엔비디아 주가는 135달러를 기록했다. 하지만 이후 생성형 AI

젠슨 황에게 DGX-1를 전달받는 일론 머스크(출처: 일론 머스크 X)

거품론이 제기된 데다 차기 플랫폼인 '블랙웰' 시리즈의
출하 시기가 미루어지면서 주가는 조정을 받았다. 그럼에
도 불구하고 8년 사이에 시가총액 기준으로 80배에 달하
는 성장을 이루어낸 것이다. 매출은 2016년 50억 달러에
서 2023년 269억 달러로 무려 5배 이상 증가했다. 현재
도 매출과 순이익 상승세는 가속을 밟고 있다.[4]

엔비디아는 2024년 2분기 실적 발표 이후 시장의 냉혹한 반응에 부딪혔지만 2024년 10월 젠슨 황이 블랙웰의 디자인 결함을 수정했고 TSMC와의 협력 관계가 여전히 공고하다고 밝히자 엔비디아 주가는 140달러대로 껑충 뛰어올라 최고가를 경신했다. 이에 월스트리트에서는 앞다퉈 엔비디아의 목표 주가를 상향했다.

# 눈앞의 시장에
# 집착하지 마라

앞서 엔비디아의 첫 AI 슈퍼컴퓨터인 DGX-1의 배송을 기념비적인 순간으로 조명했지만, 2016년 무렵만 해도 엔비디아의 앞날이 창창하기만 한 것은 아니었다. 불과 한 해 전인 2015년에 엔비디아는 매우 심각한 곤경에 처해 있었다. 어찌 보면 큰 실패에 가까웠다. 모두가 뛰어드는 모바일 시장에서 과감히 철수한 것이다.

엔비디아 공식 블로그에서 젠슨 황은 모바일 사업을 접는 이유에 대해 다음과 같이 설명했다.

## "선도적인 통합 애플리케이션 프로세서와

모뎀 플랫폼으로 스마트폰 혁명에
동참하기 위해 우리는 2011년에
영국의 모뎀 칩 업체인 아이세라Icera를
인수했습니다. 하지만 이후 우리는
비주얼 컴퓨팅 전문성이 크게 중요시되는
분야인 게이밍, 자동차, 딥러닝과 같은
클라우드 컴퓨팅 애플리케이션에
높은 성장 기회가 있다고 판단하고,
이에 집중하기 위해
(모바일 시장에서 철수하는 방향으로)
전략을 재편했습니다." [5]

당시 실리콘밸리의 시대정신은 백이면 백 모바일을
가리켰고, 모바일의 황금기는 영원히 끝나지 않을 것처럼
보였다. 비록 엔비디아가 한 자릿수의 점유율을 차지하고
있더라도, 파이의 전체 크기를 고려한다면 모바일 시장을
떠나는 것의 기회비용은 압도적인 크기로 다가올 수밖에
없다. 시장의 논리로 보자면 '수십억 달러 시장'에서 이탈
해 아무런 수익이 보장되지 않는 완전히 새로운 '제로 빌
리언 달러 시장'으로 뛰어든 셈이다. 대다수 사람들이 생

각하기에는 기업의 잠재력과 미래 수익을 깎아 먹는 행
위였다.

> **"다른 사람들이 항상 하거나**
> **할 수 있는 일에서는 게을러도 됩니다.**
> **다른 사람이 할 수 있다면,**
> **그 사람이 하도록 내버려둬도 됩니다.**
> **대신에, 우리가 하지 않으면 세상이**
> **무너질 것 같은 일을 선택해야 합니다.**
> **'내가 이 일을 하지 않으면 세상이 무너질**
> **것이다'라고 스스로를 설득할 수 있는**
> **일이어야 합니다."** [6]

'빛의 속도'를 생명처럼 여기는 젠슨 황이 유일하게
반대 입장에서 게으름을 허용할 때가 있다. 남들이 다 뛰
어드는 시장에서 점유율을 놓고 경쟁할 때다. 물론 그가
처음부터 경쟁에 초연할 수 있었던 것은 아니다. 수차례
의 시련을 겪고 고비를 넘기며 체득한 그만의 경험칙이
었다.

2008년 금융위기를 겪으며 그해 말 엔비디아 주가는

전년 같은 기간 대비 80퍼센트 이상 곤두박질쳤다. 근속 기간이 20년이 넘는 베테랑 직원들도 하나같이 엔비디아의 최대 위기라고 일컬었던 시기였다. 게다가 2007년에 출시한 코드네임 G84, G86의 GPU는 패키징 공정에서 발생한 문제로 발열 문제가 심각했다. 그로 인해 애플, 델, 휴렛팩커드HP 등의 노트북 이용자들이 엔비디아를 상대로 집단 소송에 나섰다. 그 결과 엔비디아는 이에 대한 수리와 교환, 보상 비용으로 2억 달러에 달하는 금액을 지불해야 했다. 기업의 신뢰도와 함께 회사 제품에 대한 수요도 뚝 떨어졌다. 그 여진은 2009년 초까지 이어졌고, 당시 직원들의 연봉을 소폭 삭감할 정도로 전례 없는 위기를 맞았다.

그렇지만 엔비디아는 비장의 칩을 품고 도약을 꿈꾸고 있었다. GPU 기반의 모바일 프로세서인 '테그라Tegra' 시리즈의 출시를 앞두고 있었기 때문이다. 2007년은 아이폰이 처음으로 공개되고 선풍적인 인기를 끌던 시기였다. 엔비디아로서도 자연스럽게 모바일 시장에 진입할 수 있는 기회였다. 당시 테그라 칩은 황금열쇠가 될 것처럼 보였다.

2008년 2월, 엔비디아는 테그라 시리즈의 첫 제품인 테그라 APX 2500을 출시했고, 연달아 다음 해에는 세계 최초의 듀얼 코어 모바일 프로세서인 테그라 2를 공개했다. 초반 성과는 뚜렷했다. 모토로라의 태블릿과 LG전자의 옵티머스 2X 스마트폰 등에 테그라가 탑재됐다. 이어 양대 모바일 운영체제인 구글 안드로이드에서도 입질이 왔다. 구글의 모바일 기기를 만들기 위한 파트너십을 체결해보자는 제안이었다.

2012년 3월 경제지 〈포브스〉에는 이러한 전망이 실렸다.

> **"퀄컴이 지배적인 영향력을 가진
> 시장이지만, 모바일과 태블릿 시장의
> 일부 점유율이라도 차지하면
> 이는 엔비디아에 큰 비중이 될 수 있다.
> 테그라는 10년 이내 엔비디아의 가장 큰
> 사업이 될 수 있는 잠재력을 갖고 있다."**

당시 10퍼센트의 점유율만 차지할 수 있다면 34억 달러(당신 환율 기준 약 4조 원)에 이르는 매출원을 확보할 수 있기 때문에 테그라는 게임용 그래픽카드를 넘어 최대 수익원으로 자리매김할 수 있다는 시장의 예측이었다. 그만큼 모바일 시장은 성장세가 무궁무진했다. 엔비디아도 실리콘밸리의 시대정신으로 떠오른 모바일 시장에 올라타지 않을 이유가 없었다. 오히려 이 커다란 시장에 합류하지 않는 것이 어리석은 결정으로 보였다. 기술력도 충분했다. 엔비디아는 당시 최초로 내세울 만한 성능이 매우 높은 모바일 시스템 온 칩SoC을 확보하고 있었기 때문이다.

하지만 엔비디아가 간과한 점이 하나 있었다. 전체 모바일 생태계에서 엔비디아의 영향력은 미미한 수준이라는 것이었다. 이 시장에는 이미 강자로 우뚝 선 퀄컴이 있었다. 퀄컴은 작은 영향력이더라도 호락호락하게 엔비디아와 파이를 나눌 의향이 없었다. 또한 모뎀 칩의 표준을 갖고 있는 퀄컴은 이를 무기로 삼아 모바일 생태계에 압박을 가할 수도 있었다. 퀄컴이 모뎀 칩을 제공하지 않는 한 모바일 SoC만 갖고는 스마트폰을 만들기란 거의 불가능했다.

당시 엔비디아의 첫 선택은 퀄컴에 맞서 경쟁에 합류하는 것이었다. 첫 번째로 엔비디아는 영국에 기반을 둔 고성능 모뎀 제조 업체인 아이세라를 2011년에 3억

6,700만 달러(당시 환율 기준 약 4,000억 원)에 인수하면서 경쟁에 나섰다. 아이세라와의 결합에 힘입어 2013년에는 자체 기술로 제작한 완전 통합형 4세대(4G) LTE 모바일 프로세서인 '테그라 4i'를 발표했다. 이 제품은 경쟁 업체의 제품에 비해 절반의 크기에도 불구하고 더욱 빠른 속도를 자랑했다. 그뿐만 아니라 엔비디아는 레퍼런스 스마트폰(자체 제작한 일종의 테스트폰)인 '피닉스Phoenix'도 선보였다. 하지만 시장의 반응은 달라지지 않았다. 한때 삼성전자와의 파트너십도 논의했으나 성과 없이 곧 어그러졌다(그렇지만 이 시기 엔비디아 한국 지사에 삼성전자 출신 직원들이 대거 영입되었다). 엔비디아의 피닉스는 본래 뜻인 불사조에 걸맞지 않게 사람들에게서 금방 잊혔다. 비슷한 시기에 등장한 아마존의 파이어폰Fire Phone은 오히려 노이즈 마케팅으로 많은 사람들의 이목을 끌었다. 참고로, 아마존의 파이어폰은 2014년 7월에 출시된 뒤 실패의 아이콘으로 수많은 밈을 양산하며 2015년 8월에 생산이 중단됐다. 떠들썩한 관심을 모으며 실패의 아이콘이 된 파이어폰과 달리, 엔비디아의 피닉스는 높은 성능에도 불구하고 관심조차 얻지 못한 채 사라져 그 실패가 더 처참했다.

이때 엔비디아가 절실히 느낀 것은, 시장의 주도권을 잡을 수 없다면 시종일관 끌려다니는 위치에 머무를 수밖에 없다는 잔혹한 진실이었다. 주도할 수 없는 시장에서는 아무리 기술력이 있어도 1년이 채 안 되는 기간에 경쟁만 치열해지고, 군림하고 있는 기존 강자로 인해 강제 퇴출이 반복되는 현실을 깨달은 것이다.

엔비디아가 모바일 시장에서 철수한 것은 단순히 참혹한 경쟁에서 벗어나자는 것이 아니었다. 눈앞의 성과에 집착하지 않고, 향후 10년 혹은 그 이상의 미래를 보고 엔비디아라는 회사의 정체성을 새롭게 정의하는 일이었다.

젠슨 황은 한 대담에서 이같이 말했다.

**"우리는 이미 뚜렷이 상품화된
비즈니스에서는 기꺼이 빠져나옵니다.
직원들에게 그저 상품을 위해
일하도록 하지 마세요.
엔비디아에서는 '시장 점유율'에 대해
이야기하지 않습니다. 왜 우리가
시장 점유율을 위해 싸워야 하나요.
이 같은 경쟁에서는 도망치세요."** [7]

# 핵심 가치가
# 미래를 만든다

'우리에게 가장 근본적인 목표이자
무언가를 선택하는 기준은 무엇인가.'

참혹한 경쟁에서 빠져나오면서 젠슨 황은 스스로에게 이같이 질문했다. 그리고 세계 최고의 인재들이 평생 풀고자 하는 과업을 추구할 수 있는 압도적인 환경을 제공하는 것이라는 답을 얻었다. 많은 인재들이 함께하기 위해서는 미칠 듯이 어렵지만 동시에 남들은 하지 않는 일이어야 했다. 그것을 기준으로 앞으로의 방향을 선택했다.

"누구도 아침에 일어나면서
'그것을 빼앗을 거야',
'내가 그 지분을 갖겠어'라고 결심하며
하루를 시작하지는 않습니다.
적어도 큰 성공을 이룬 사람들은
그렇습니다.
저는 '이전에는 아무도 하지 못했던
가장 어려운 일을 해낼 것이고,
그것이 성공적일 경우
사회에 커다란 영향을 끼칠 거야'라고
생각합니다. (…)
상품화된 시장에서 빠져나오기로
결정한 후
압도적으로 어려운 일들을 선택했고,
그 결과 엄청나게 훌륭한 사람들이
우리와 함께하게 됐습니다."[8]

결국 젠슨 황은 모두가 하는 일을 하는 대신 남들이
가지 않는 어려운 길을 선택했고, 그 결정으로 같은 방향
을 추구하는 뛰어난 인재들을 끌어모으게 됐다. 그는 성

공하는 리더의 가장 중요한 요소는 인내와 고통을 감수하고 이를 추구할 수 있는 '캐릭터'라고 언급하는 것을 주저하지 않는다.

모바일 시장을 위해 고군분투하던 시간은 무엇을 남겼을까. 여기서도 그는 새롭게 기준으로 삼은 핵심 가치를 중심으로 풀고 싶은 문제를 찾아냈다.

모두가 뛰어든 모바일 경쟁에서 엔비디아는 도망쳤지만 7년 가까이 고도화를 거친 테그라는 성과 없이 시장에서 사라진 것이 아니었다. 엔비디아는 테그라 칩의 피벗, 즉 방향 전환을 이루어냈다. 테그라 칩이 새로운 쓰임을 얻게 된 것은 차량 부문이었다. 복잡한 교통 환경에서 자율주행 문제를 풀어가는 데 AI로 작동하는 차량 플랫폼을 구축하겠다는 것이었다.

엔비디아가 찾아낸 강점은 엔비디아만의 핵심 영역에 있었다. 차량들은 실제 확보한 교통 상황 이미지와 영상으로 대처하는 방법을 학습하지만, 테슬라처럼 막대한 주행 데이터를 가지고 있지 않는 한 고객사가 제공하는 데이터만으로는 학습량이 한정될 수밖에 없다. 하지만 엔비디아에는 레이 트레이싱 기술과 같은 사실감 넘치는 도로의 상황을 구현할 그래픽 기술이 있었다. 이런 기술을 바탕으로 엔비디아는 차량에 들어가는 AI 모델이 학습할 수 있는 고품질의 데이터를 다양하게 만들어낼 수 있었다. 테슬라에 대적할 수 있도록 AI 모델이 학습할 수 있는 데이터의 양과 질을 높인 것이다. 이는 모두 엔비디아가 자체적으로 확보한 그래픽 구현 기술력이 있기에 가능했다.

그 결과물은 몇 년이 채 지나지 않아 현실화됐다. 엔비디아는 자율주행 부문에 진출한 지 5년 만인 2020년에 고성능 AI 컴퓨팅 플랫폼인 '드라이브 AGX 오린DRIVE AGX Orin'을 출시했다. 그 결과 관련 매출이 2억 달러를 넘어섰다. 2023년에는 차량(자율주행) 부문의 매출이 11억 달러로 뛰어올랐고, 이후 차량 부문은 엔비디아의 미래 수익원으로 지속적인 성장을 기록하고 있다. 우리나라의 현대자동차를 비롯해 세계적인 자동차 브랜드인 메르세데스-벤츠, 재규어랜드로버, 볼보, BYD 등이 엔비디아의 AI 기반 주행 플랫폼인 '엔비디아 드라이브'와 파트너십을 맺고 협력하고 있다. 이렇듯 자율주행 부문에서 엔비디아의 존재감이 빠르게 커지고 있다.

이러한 방향 전환을 위해 엔비디아는 분주히 움직여왔다. 사업을 지속할 수 있는지 여부와 새로운 시장 진입을 위해 과감히 시장 규모나 현금흐름, 손익 등 온갖 수치에 관한 예측을 배제하고, 엔비디아만의 차별화된 가치 평가 요소에 집중했다. 이를 위해 젠슨 황은 '미래의 성공을 예측하기 위한 초기 지표Early Indicators Of Future Success, EIOFS'로 불리는 경영 지표를 도입해 엔비디아의 사업을 평가하는 데 활용하고 있다.

EIOFS 지표는 당장 시장이 없거나 수익화까지 많은 시간이 필요할 때 온갖 수치 데이터를 대체하는 역할을 한다. 이 평가 과정에서 가장 중요한 것은 다음의 세 가지 사항을 스스로 질문해보는 것이다.

- **이것은 뛰어들 만한 가치 있는 일인가?**
- **이것은 중요한 과학 분야의 어딘가에서 진보를 가져다줄 만한 일인가?**
- **이것은 내가 하지 않으면 안 되는 일인가?**

젠슨 황은 이 세 가지 본질적인 질문에 모두 '그렇다'라고 답할 수 있다면, 현재는 아무런 수익 창출의 기미가 없고 경쟁자조차 없는 '제로 빌리언 달러 시장'이더라도 기꺼이 도전할 수 있다고 판단했다. 반대로 단 하나라도 '아니오'라는 답이 나온다면, 시장성이 높고 경쟁자들이 모두 장밋빛 전망을 이야기해도 빠른 시일 내에 떠나야 할 시장이라고 판단했다. 당장 재무적인 기대를 충족할 수 없더라도 미래의 방향이 옳다고 판단되면 과감하게 시도했다.

젠슨 황은 EIOFS의 중요성을 강조하며 이같이 말했다.

> **"누구도 제게 관련 비즈니스 사례를**
> **제출하거나 손익계산서와 재무예측서를**
> **보여줄 필요가 없습니다.**
> **오로지 이를 대신할 수 있는 질문은**
> **'이것이 중요한 일인가',**
> **'우리가 하지 않는다면, 누구도 할 수 없는**
> **일인가'입니다."[9]**

엔비디아가 모바일 시장에서 악전고투하고 있을 무렵, 젠슨 황의 센서는 동시에 여러 분야를 향하고 있었다. 젠슨 황과 엔비디아 연구팀들은 다양한 과학자들을 만나고 최신 논문들을 검토하면서 이미 물밑에서 과학계에 심상치 않은 변화가 일어나고 있다는 것을 감지했다.

> **"더 이상 의지할 시장이 없는 상황에서
> 우리는 고객도 없고 경쟁사도 없으며
> 아무도 신경 쓰지 않는 시장을
> 만들기로 결정했습니다.
> 우리는 고객이 없는 시장인
> '제로 빌리언 달러 시장'을 선택했습니다.
> 그것은 바로 로봇공학이었습니다.
> 우리는 결국 딥러닝 알고리즘을 처리하는
> 최초의 AI 컴퓨터를 만들었습니다."** [10]

당시 젠슨 황의 레이더에 포착된 것은 컴퓨터 비전에 관한 연구를 발표하는 한 학회였다. 2012년 토론토대학교의 연구팀이 세계 최대 이미지 인식 대회인 'ILSVRC ImageNet Large Scale Visual Recognition Challenge'에서 상위 5개의 이미지 분류 인식에 15.3퍼센트의 오답률을 기록했다. 불과 직전 해에 이루어진 대회에서는 상위 5개의 이미지 분류 인식에 가장 낮은 오답률이 26퍼센트 수준이었다.

정확성이 1년 만에 무려 10퍼센트 이상 높아진 것이다. 이 결과에 AI 학계는 발칵 뒤집혔다.

당시만 해도 AI 학계에서는 인간이 만든 규칙을 학습시키면 이를 바탕으로 추론할 수 있다는 '기호주의 인공지능Symbolic AI'의 접근이 주류를 이루었다. 하지만 이 방식으로는 개와 고양이를 구분하는 일조차 어려웠고 정확도도 낮았다. 이 접근은 그야말로 사람들의 인내심을 시험하는 수준이었다. 급작스러운 도약이 일어날 것 같지도 않았다.

토론토대학교 연구팀은 당시만 해도 통용되지 않던 심층신경망deep neural networks을 이용한 학습 방식인 '딥러닝'을 활용했다. 제프리 힌턴 교수팀이 개발한 '알렉스넷'을 이용한 것이다. 힌턴의 연구팀에는 그의 수제자인 일리야 수츠케버가 있었다.

토론토대학교 연구팀이 딥러닝을 실행할 수 있었던 것은 이들이 활용한 엔비디아의 GPU인 'GTX 580'이 큰 역할을 했다. 2009년 12월 힌턴 교수는 밴쿠버에서 열린 AI 연구자들의 최대 학회인 'NIPS(신경정보처리시스템학회, 현 NeurIPS)'에서 천여 명의 연구자들이 모인 가운데 이같이 말했다.

## "GPU가 머신러닝의 미래가 될 것입니다. 모두 GPU를 활용해서 시험해봐야 합니다."

당시만 해도 힌턴 교수의 말에 귀를 기울이고 실천에 옮긴 과학자들은 소수에 불과했다. 그런 와중에 그의 발언은 2012년 ILSVRC에서 이미지 인식률의 정확성이 공개되며 명확한 검증을 받게 됐다. 이는 즉각 경제성으로도 입증됐다. 2012년 구글 브레인Google Brain은 스스로 학습하는 뉴럴 네트워크Neural Network, NN를 개발해 유튜브상에 올라온 고양이 영상과 사진을 통해 고양이를 인식하는 방식을 학습하게 했다. 이를 위해 1만 6,000개의 CPU 기반 서버를 활용했다. 매개변수는 17억 개로, 총비용은 50억 달러에 달했다.

2013년에는 딥러닝 4대 천왕 중 한 사람으로 꼽히는 앤드류 응Andrew Ng 스탠퍼드대학교 교수가 엔비디아와의 파트너십으로 구글 브레인과 동등한 연산 능력을 갖춘 시스템을 개발했다. 이 시스템에는 단 세 개의 GPU가 들어갔다. 비용은 총 33만 달러로 1만 5,000분의 1 수준이었다. 항상 연구비 부족에 시달리는 연구자들로서는 끌리지 않을 수 없는 선택지였다.

이처럼 AI 분야에 연구 성과가 하나둘 꽃 피우면서, 드디어 30년 이상 꽁꽁 얼어 있던 'AI 혹한기'가 끝날 조짐이 보였다. 눈이 녹기 직전 연둣빛 싹이 올라오는 순간이었다. 오랫동안 이론으로만 남아 있던 AI의 잠재적 능력을 뒷받침해 줄 실마리가 나타난 것이다.

그로부터 10년 뒤인 2022년 7월, 제프리 힌턴 교수를 토론토대학교 캠퍼스에서 세 블록 정도 떨어진 그의 집에서 직접 인터뷰할 기회를 갖게 됐다. 마당에서 손수 테이블을 닦고 차를 가져다준 '딥러닝 구루'는 스스로가 정상의 학자가 됐다는 사실을 의식하지 않는 듯했다. 힌턴 교수는 말했다. "제 이론이 주목받은 것은 반백 년이 넘는 제 연구 기간 중 고작 10년에 불과한 기간이에요."

힌턴 교수는 1978년에 영국 에든버러대학교에서 박사 학위를 취득하고, 1987년에 캐나다 토론토대학교에 정착했다. 그는 지난 시절 AI 분야에서 한 우물을 파며 연구해 왔지만, 40년 이상 학계의 아웃사이더였다. 그러던 중 2012년에 ILSVRC에서 그의 연구팀이 우승하기에 이르렀다. 2015년에는 학술지 〈네이처〉에 얀 르쿤Yann

LeCun, 요슈아 벤지오Joshua Benjio와 함께 딥러닝을 주제로 논문을 발표했다. 2018년에는 컴퓨터과학 분야의 노벨상으로 불리는 '튜링상'을 수상했다.

힌턴 교수는 지난 시절을 돌아보며 이같이 말했다.

"'뇌가 어떻게 작동하는가'에 대한 호기심으로 여기까지 왔습니다. 주류가 돼야 한다는 생각, 타인에 대한 영향력을 생각할 겨를이 없었어요. (…) 딥러닝을 통해 단백질 구조를 예측하는 '알파폴드AlphaFold'는 지난 50년간 생물학의 가장 큰 문제를 해결했습니다. 적어도 5년은 더 걸릴 줄 알았던 PaLM(Pathways Language Model: 구글 연구팀이 개발한 대규모 언어 모델) 시스템은 이미 높은 수준에 도달했습니다. 여기에 빼놓을 수 없는 게 있어요. 이 모든 걸 가능하게 한 것이 바로 '컴퓨팅 능력'의 향상입니다."

힌턴 교수를 비롯한 AI 선구자들의 행보를 보면 엔비디아와 닮은 부분을 찾아볼 수 있다. 그들은 단순히 경쟁자를 이정표로 삼지 않는다는 것이다. 그리고 모두가 바라보는 방향으로 가는 대신, 오히려 풀고자 하는 문제가 얼마나 중요한지에 접근했다. 이 때문에 오랜 AI 혹한

기 동안 타인의 의구심 어린 시선과 비아냥에는 개의치 않을 수 있었다. 언젠가는 AI가 빛을 볼 것이라 생각했고, 자신의 믿음을 포기하지 않고 밀어붙였다. 이는 각각 '딥러닝'과 '가속 컴퓨팅'이라는 결과물로 이어졌다. 이 두 가지 요소가 만나면서 오늘날 AI 시대가 활성화되는 데 강력한 촉매제 역할을 했다.

그날 힌턴 교수는 인터뷰 말미에 이렇게 한마디 덧붙였다.

## "엔비디아의 CUDA 없이 머신러닝을 하려면 너무 많은 문제가 있었을 것입니다."

당시만 해도 튜링상이 그가 받은 최고의 영예로운 상이 될 것이라 여겨졌지만, 이례적으로 2024년 스웨덴 왕립 과학한림원은 존 홉필드John Hopfield 교수와 힌턴 교수를 '노벨 물리학상' 공동 수상자로 선정했다. 언뜻 AI가 물리학과 무관해 보일 수 있지만, 힌턴 교수가 '볼츠만 머신(Boltzmann Machine: 대규모 데이터 세트에서 패턴을 학습하고 추출할 수 있는 신경망 모델)'을 개발하면서 물리학의 기본 개념과 방법을 사용해 그의 연구 업적이 물리학에 뿌리를 두고 있다는 점에 주목했다. 일부 이론의 여지도 있지만, AI는 최근 몇 년간 거스를 수 없는 흐름이 되면서 AI와 다른 학문 간의 경계도 점차 모호해지고 있다는 점을 확인할 수 있는 부분이다.

힌턴 교수가 노벨 물리학상 수상자로 선정된 가장 큰 이유는, 그의 연구 업적이 현재 가장 강렬한 영향력을 미치고 있다는 점이다. 2024년 9월 기준, 그의 논문 피인용 건수는 85만 회를 넘어섰다. 그중 65퍼센트에 해당하는 55만 7,000여 건이 최근 5년간 피인용된 건수라는 것을 고려하면, AI 학계에서 '살아 있는 바이블'로 역할하고 있는 셈이다.

# 뉴 카테고리:
## 새로운 시장을 창출하라

'우리 시대의 알베르트 아인슈타인과
레오나르도 다빈치가
평생의 과업을 완성할 수 있도록 돕는
가속 컴퓨팅을 만들 것.'

이는 엔비디아가 '가속 컴퓨팅' 기업으로 도약하며
제시한 비전이다. 엔비디아가 우연히 GPU를 통해 사금
을 채취한 것으로 보일 수도 있지만, 이보다 앞서 광부들
이 금을 캘 수 있도록 모여드는 장을 마련하는 역할도 했
다. 아직 누구도 GPU를 그래픽카드 외의 용도로 쓸 수

있다고 생각하지 못했을 때 잠재적인 쓰임과 잠재 고객들을 찾아냈다. 기술을 개발하면서 동시에 시장을 만들어 간 것이다.

이와 같은 엔비디아의 남다른 지향점은 '뉴 카테고리New Category'로 정의할 수 있다. 아무도 없는 새로운 시장에 뛰어들고, 아무도 주목하지 못했던 새로운 니즈를 제품화해 내놓는 것은 혁신을 넘어 발명에 가까운 일이다. 어떤 기업에게는 한 번도 어려운 일이지만 '발명'과 '재발명'은 엔비디아의 DNA에 각인된 본능이나 다름없다.

엔비디아는 사업 초기부터 PC 게임을 위한 그래픽 카드를 만들고자 했고, 1990년대 말 GPU를 새롭게 발명했다. 이는 부품처럼 딸린 것으로 인식됐던 그래픽 가속기를 CPU와 어깨를 나란히 하는 존재로 발돋움하게 했다. GPU 제품을 개발하면서 쓰임과 그에 따른 인식 자체를 새롭게 창조한 것이다. 이후 GPU를 범용 컴퓨팅 영역으로 확장한 것도 엔비디아다. 한 인터뷰에서 젠슨 황은 이같이 말했다.

**"(모바일 시장을 떠난 뒤) 가속 컴퓨팅 방향으로 배를 돌렸을 때, 우리는 지구상의**

모든 AI 연구자들을 찾아다녔습니다.
그로부터 엔비디아의 플랫폼이
AI 연구자들의 연구에 유용하다는
긍정적인 피드백을 받았습니다.
그래서 저는 전 세계의 모든 위대한
AI 연구자들과 친구가 되었습니다.
그들은 모두 제게 미래의 성공에 대한
초기 징후를 발견하는 데 도움을
주었습니다. 그들 덕분에 작은 성공에서
큰 성공을 만들 수 있었습니다."[11]

젠슨 황이 많은 학자들로부터 피드백을 받고, 최신 연구 경향의 변화를 감지할 수 있는 것은 그가 미리 뿌려둔 씨앗이 있었기 때문에 가능했다. 이는 20년 전인 2004년부터 시작됐다. 당시 게임용 GPU의 일인자였던 엔비디아가 GPU에서 작동하는 프로그래밍 소프트웨어 개발에 나선 것이다. GPU를 활용한 병렬 컴퓨팅을 가능하게 하는 소프트웨어를 제공하겠다는 포부였다. 당시만 해도 시장의 니즈 자체가 없었던 새로운 제품이었다. 이 '뉴 카테고리' 제품이 오늘날의 엔비디아를 있게 한

'CUDA'다. CUDA는 개발자들이 보다 쉽게 GPU 프로그래밍을 할 수 있도록 해주었다.

당시 고객들이 원하던 것은 매년 향상된 성능의 그래픽카드를 내놓는 것이지 프로그래밍을 위한 소프트웨어는 아니었다. 하지만 젠슨 황에게는 다른 생각이 있었다. 제품을 그래픽 처리에 한정하지 않고 이전의 컴퓨터들이 풀지 못했던 많은 문제를 풀게 하는 데 그 쓰임을 찾아내야 한다는 신념이었다. 그렇게 엔비디아는 범용 GPU를 염두에 두고, 이를 고도화하기 위한 여정에 나섰다.

젠슨 황은 한 대담에서 이렇게 밝혔다.

**"우리의 미션은 GPU를 만드는 것이 아닙니다. 우리의 미션은 애플리케이션을 가속해서 일반적인 컴퓨터들이 풀지 못하는 문제를 풀도록 돕는 것입니다."** [12]

2006년 말 CUDA가 공개됐을 때도 사용자들이 이 제품을 원한다는 신호는 포착되지 않았다. 그렇지만 엔비디아는 굴하지 않고 CUDA를 계속해서 업데이트해 나갔다. 동시에 CUDA를 사용할 만한 잠재 고객들을 찾아다녔다. 당시 엔비디아가 생각한 잠재 고객들은 주로 연구자와 의사였다. 방대한 데이터를 보유하고 있고, 이것을 활용해야 하는 이들은 막대한 연산 능력을 가진 컴퓨팅 인프라를 필요로 했다. GPU가 범용 목적으로 병렬 처리 작업을 할 수 있으려면, 이를 기반으로 하는 새로운 소프트웨어가 필요했다. 하지만 당시 모두가 CPU를 이용하고 있었다. 엔비디아는 CUDA에 대한 이해 자체가 없었던 사람들에게 이 제품을 어떻게 활용할 수 있을지부터 설득하는 과정을 거쳐야 했다. 제품을 만드는 동시에 잠재적 소비자를 발굴해 사용법을 교육하는 미션을 스스로 떠안은 셈이다.

좀 더 구체적으로 엔비디아가 생각한 잠재 고객들은 천체물리학, 기후학, 양자역학, 의생학擬生學 분야의 연구자들이었다. 대표적인 연구자 중 하나인 국립대만대학교의 팅와이 치우趙挺偉 교수는 2006년 무렵 우주의 빅뱅 이후 물질의 진화를 추적하고 있었다. 팅와이 치우 교수는 이전에는 물질의 변화를 파악하기 위해 걸리는 계산에 막대한 시간이 소요됐으나, CUDA를 활용한 뒤 획기적으로 시간을 줄일 수 있었다. 실험실에 엔비디아의 GPU로 자체 슈퍼컴퓨터를 구축해 연구하고 있던 팅와이 치우 교수는 젠슨 황과 엔비디아의 노력에 이같이 감사를 표했다. "젠슨은 선지자입니다. 그는 제 평생의 과업을 가능하게 했습니다."[13]

고객과의 소통으로 수집된 피드백을 반영하는 것은 이때부터 엔비디아에 체화된 영역이다. 엔비디아의 직원들은 꾸준히 특정 분야의 학회에 참여해 연구자들과 교류하거나 자신의 메일 주소를 연구자들에게 알려준다. 이는 CUDA 개발 때부터 가장 앞선 고객들인 연구자들과 소통하면서 생긴 습관이다. 실제로 젠슨 황의 경우 여러 개의 메일 주소를 가지고 있는데, 그중에는 공적으로 노출된 메일도 있다.

한 제약·바이오 컨퍼런스에서 젠슨 황은 이같이 말했다.

**"만약 칩을 이용해 신약 개발을 하거나 새로운 방법론을 찾아야 한다면 엄청난 양의 데이터를 처리해야만 할 것입니다. AI 컴퓨팅과 관련해**

어려움을 겪고 있다면
언제든지 제게 메일을 보내세요."[14]

이렇게 연구자들과의 교류를 통해 받게 된 피드백은
엔비디아 제품의 개선으로 이어졌다. 'CUDA SDK 2.0'이
출시된 2008년에는 개발자들이 주로 쓰는 언어인 C++ 지
원을 추가했다. 주가도 큰 폭으로 하락하며 기업 내부적
으로는 어두운 터널을 걷고 있었지만, 젠슨 황은 멀리 보
이는 빛에 집중해 흔들리지 않고 걸음을 옮겼다.

사실 범용 GPU라고 해도, 이 타깃 시장은 당시로는
매우 좁고 소수의 전문가만이 활용할 만한 잠재 고객 시
장이었다. 시장 규모가 큰 기존 모바일 시장과는 존재감
이나 관심도 면에서 큰 차이가 났다. 자신이 집중하는 분
야에 신념이 필요한 순간, 젠슨 황은 이같이 되새기며 앞
으로 나아갔다.

"Jack of all trades is
a master of none."

윌리엄 셰익스피어가 사용하며 유명해진 이 표현은

'무엇이든 할 수 있지만, 정작 어떤 것도 숙달하지 못했다'는 의미로 쓰인다. 한마디로 재주 많은 사람치고 제대로 하는 게 없다는 말이다. 젠슨 황은 어떤 목적으로든 활용할 수 있을 것을 대비해 모든 기능을 갖추는 것을 극도로 경계한다. 통상 타깃이 명확하지 않고 두루뭉술하게 일반적인 제품을 두고 '스위스 아미 나이프'에 비유하곤 한다. 이것은 어느 하나 성능이 뛰어나지는 않지만, 칼이나 톱을 비롯해 병따개, 송곳, 드라이버, 가위 등을 모두 갖췄기에 급히 도구가 필요할 때 손쉽게 활용할 수 있는 장점이 있다.

젠슨 황은 한 강연에서 이 스위스 아미 나이프에 빗대어 이같이 말했다.

**"무언가를 범용적인 목적으로 삼는다면,**
**핵심 비즈니스로부터는**
**이탈할 수밖에 없습니다.**
**이는 매우 위험한 방법입니다.**
**아주 좁은 시장을 공략해 집중적으로**
**한곳을 파는 게 더 중요합니다."** [15]

흥미로운 것은 CUDA의 개발이 처음부터 AI 개발을 염두에 둔 것이 아니었다는 점이다. 그럼에도 CUDA는 AI 시대가 열리는 데 완벽히 맞아 돌아가는 태엽 같은 역할을 했다. 오늘날 엔비디아의 성공을 말할 때, 양대 축은 GPU의 강력한 컴퓨팅 성능과 GPU 기반에서 작동하는 소프트웨어 CUDA라는 사실은 부정할 수 없다.

예를 들어 애플 생태계의 강력한 힘의 원천은 '록인Lock-in 효과'로 꼽힌다. 록인 효과란 특정 제품이나 서비스를 활용하여 소비자를 묶어놓는 효과를 말한다. 애플 기기를 쓰는 사람들은 모두 애플의 운영체제인 iOS나 맥OS를 쓸 수밖에 없다. 또한 사용하는 데이터를 애플 클라우드 서비스인 아이클라우드iCloud에 백업하고, 각종 서비스는 구독 모델인 애플 원Apple One을 이용하게 된다. 이 같은 운영 시스템은 애플 기기의 매출 외에도 애플의 수익원으로 서비스 매출이 빠르게 확장되면서 애플의 탄탄한 성장을 뒷받침한다. 이 이상으로 개발자들 사이에서 더욱 강력한 록인 효과를 발휘하는 것이 바로 엔비디아의 'CUDA' 모델이다.

CUDA는 GPU를 대체 불가능한 존재로 만들었다. 엔비디아가 개발하는 모든 GPU는 CUDA라는 플랫폼을 통해 프로그래밍이 가능하기 때문이다. 엔비디아의 새로운 알고리즘이 개발되면 자사의 모든 GPU에 실행된다. 새로운 GPU 플랫폼이 출시된다고 해도 이전 버전의 GPU로도 CUDA는 호환돼 이용할 수 있다. 예를 들어 생성형 AI의 기반이 된 트랜스포머 모델을 비롯해 멀티 모달리티Multy Modality AI 모델(두 가지 이상의 감각이나 양식으로 된 정보를 학습할 수 있는 AI 모델)과 같이 새로운 알고리즘이 도입되면, CUDA를 매개로 모든 GPU에서 이를 활용할 수 있다.

개발자 입장에서도 CUDA를 활용하면 이용자 도달 범위가 크게 넓어진다. 모든 개발자들이 모바일 애플리케이션을 만들 때 애플 iOS나 구글 안드로이드를 기반으로 제작할 수밖에 없는 것처럼, 딥러닝으로 추론 및 연산 작업을 하려는 사람들이라면 모두 엔비디아의 제품을 사용할 수밖에 없다. 호환성, 접근성, 도달성에서 개발자와 이용자 모두에게 강력한 록인 효과를 만들어내는 것이다. 개발자들은 한번 특정 도구를 쓰기 시작하면 코드 작성에도 일종의 습관이 생기기 때문에 좀처럼 소프트웨어를 바꾸지 않는다. 여기에 더해 CUDA 위에서 작동하는 텐서 코어Tensor Core, cuDNN, cuBLAS 등 다양한 라이브러

리와 툴킷들이 강력한 생태계를 형성하고 있어서 한번 이 도구들을 이용하기 시작하면 이탈은 더욱 어려워진다. 이는 엔비디아가 10여 년에 걸쳐 수십억 달러를 CUDA 생태계에 투자하는 한편, AI 개발자 커뮤니티의 교육 및 재교육에 힘썼기 때문에 가능한 일이었다.

하지만 초창기에는 달랐다. 강력한 록인 효과를 자랑하는 CUDA가 빛을 보는 데는 10년이 넘는 시간이 필요했다. 사업 초창기에 엔비디아가 화력을 쏟아붓던 CUDA는 밑 빠진 독에 물 붓기였다. 게다가 어느 순간 사용자가 확대되는 속도도 느려졌다. CUDA 다운로드 수는 2009년에 정점을 찍은 뒤 3년 동안 내리막길을 걸었다. 외부적으로도 뚜렷하게 성장이 정체돼 평평한 곡선을 그리는 기업으로 낙인찍혔다. 그렇다 보니 엔비디아 이사회 내부에서는 엔비디아가 공매도의 타깃이 될 수 있다는 우려도 나올 수준이었다. 그럼에도 젠슨 황의 시도는 한계가 없었다. 지진 처리, 이미지 처리, 기상 시뮬레이션, 분자역학, 유체역학, 입자물리학, 양자화학 분야에 이르기까지 문을 두드렸다.

이 시기 젠슨 황은 제 갈 길을 걸었지만, 주변에서 보는 시선은 우려스러웠다. 엔비디아는 뼈를 깎는 심정으로 직원들의 연봉을 일부 삭감하기도 했다. 1998년부터 엔비디아의 사외이사 중 한 명이었던 제임스 게이더James Gaither 서터힐벤처스Sutter Hill Ventures 파트너는 당시 상황을 이렇게 술회했다.

> **"우리는 엔비디아를 해체하려는 행동주의 주주로부터 회사를 보호하기 위해 할 수 있는 모든 일을 해야 했습니다."** [16]

그 후 엔비디아는 주가를 높이는 데 아무런 영향을 미치지 않는 또 한 번의 모험을 감행했다. AI 과학자들의 요구에 따라 딥러닝 연산을 최적화하고 여러 딥러닝 프레임워크에서 AI 가속기를 쉽게 사용할 수 있는 도구모음인 연산 라이브러리 'cuDNN CUDA Deep Neural Network'을 개발한 것이다. CUDA 플랫폼 위에서 AI 연산을 더욱 효율적으로 작동하게 하는 도구들의 모음인 cuDNN을 개발하기 위해서는 막대한 인력과 자원이 투입돼야 했지만, 엔비디아는 과감한 결정을 내렸다. CUDA를 사용하는 AI 연구자들이 딥러닝 모델의 훈련과 추론을 빠르게 처리하

려면 GPU를 최적화하는 도구가 필요하다고 이를 개발해
줄 것을 제안했기 때문이다. 사실 이 연구자들은 소수인
데다 많은 돈을 제공할 수 있는 형편도 아니었다.

젠슨 황은 한 대담에서 당시의 상황에 대해 이같이
설명했다.

> **"AI 연구자들은 CUDA를 이해하지는
> 못했지만, 딥러닝은 이해하고 있었어요.
> 그래서 cuDNN을 CUDA와 딥러닝
> 사이를 연결할 수 있는 도구로 개발한
> 것입니다. 이 연구자들은 돈이 없고,
> 이 시장은 사실상 제로였습니다.
> 돈을 벌어다주기까지는 아주 오래 걸릴
> 시장이었어요.
> 하지만 우리를 행동하게 하는 영감은
> 시장의 규모가 아니라
> 문제나 과업의 중요성이었어요.
> 회사 초창기부터 그랬죠."** [17]

cuDNN은 2014년 9월 처음 세상에 공개됐다. 당시

만 해도 돈이 안 되는 개발이었던 cuDNN은 결국에는 모든 AI 연구자나 개발자들이 CUDA를 이용할 수밖에 없도록 결정적인 역할을 했다. 이는 딥러닝 분야의 도구인 cuDNN뿐만 아니라 퀀텀 컴퓨팅 도구모음인 cuQuantum, 선형대수학 도구모음인 cuBLAS 등 다양한 범주로 확장되고 있다. CUDA를 기반으로 활용할 수 있는 분야가 다양하고 정교해질수록 사용자층은 넓어지고 충성도는 높아질 수밖에 없는 것이다.

하지만 강력한 록인 효과를 발휘해 대체 불가능한 지위에 이르렀다고 해서 CUDA의 미래가 마냥 장밋빛으로만 가득한 것은 아니다. 유럽의 규제 당국이 CUDA의 록인 효과에 위협이 될 만한 정책을 제기할 가능성이 커지고 있다.

2024년 7월, 프랑스의 반독점 규제 당국은 엔비디아를 타깃으로 삼아 제재 가능성을 시사했다. 제재가 현실화되면 연 매출의 10퍼센트에 달하는 벌금을 부과하는 등 강력한 조치도 예상된다. 앞서 2024년 6월에 발표한 〈생성형 AI 기업의 경쟁적 환경에 대한 조사 보고서〉에서도 가속 컴퓨팅 기술에 필수적인 GPU와 100퍼센트 호환되는 프로그래밍 소프트웨어 CUDA에 대한 높은 의존

도에 우려를 내비친 바 있다. 프랑스가 이런 규제 움직임을 현실화하면 유럽의 다른 국가들도 CUDA와 GPU 간의 호환성을 낮추고 강제로 이를 분리하거나 경쟁사 소프트웨어에 이를 개방하도록 하는 정책과 같이 엔비디아의 점유율을 낮추려는 시도가 잇따를 가능성이 높다.

실제로 많은 경쟁사들이 CUDA의 영향력에 도전하면서 자신만의 파이를 확장하려고 고군분투하고 있다. 팻 겔싱어 인텔 CEO는 2023년 12월에 열린 컨퍼런스에서 "모든 산업이 CUDA 시장을 축소하기 위해 달려들고 있다"며 이를 공론화하기도 했다. 이에 그치지 않고 인텔과 AMD, 구글, 브로드컴, 시스코 등은 엔비디아에 대항하는 연합군인 'UA링크 컨소시엄UAlink Consortium'을 구성해 다양한 AI 가속기와 소프트웨어의 상호 운용성을 보장하는 개방형 표준 상용화에 박차를 가하고 있다. 이를 바탕으로 엔비디아의 NV링크를 대체하는 한편 장기적으로 CUDA의 대안이 될 수 있도록 생태계 저변을 확대하겠다는 것이다.

가속 컴퓨팅 시장은 엔비디아가 처음 발을 내디딜 때만 해도 제로 빌리언 달러 시장이었지만, 이제는 수백억 달러 규모로 확대됐다. 엔비디아 입장에서는 장기적으로 AI 칩 시장의 파이를 나눠야 할 수밖에 없도록 외부적인 압박이 커지고 있다. 엔비디아가 모바일 시대의 정점에서 딥러닝으로 눈을 돌려 경쟁에서 벗어난 것처럼, 머지않은 미래에 또다시 방향 전환을 모색해 새로운 시장을 개척하는 자기 혁신이 요구될 것으로 보인다. 익숙해지기 전에 다시 불편함을 감수하며 재창조를 위한 펌프질의 속도를 늦추지 않는 것. 이 점이야말로 엔비디아 정체성의 본질이자 엔비디아를 생존하게 하는 열쇠다.

무언가를
범용적인 목적으로 삼는다면,
핵심 비즈니스로부터는
이탈할 수밖에 없습니다.
이는 매우 위험한 방법입니다.
아주 좁은 시장을 공략해
집중적으로 한곳을 파는 게
더 중요합니다.

# 메이드 인 엔비디아

## _NVIDIA
## _Revolution

> **"졸업하고 사회에 나서면**
> **먹이를 찾아나서든 혹은**
> **먹잇감이 되는 것을 피하려고 하든,**
> **여러분은 달리고 있을 겁니다.**
> **종종 어느 쪽인지 구분하기조차 힘들 수**
> **있어요. 명심할 것은 단 한 가지,**
> **'걷지 말고 뛰어라'라는 겁니다.**
> **우리가 했던 것처럼요."**

2023년 5월 국립대만대학교 졸업식에서 축하 연설을 맡은 젠슨 황은 연설의 마무리에 "걷지 말고 뛰어라"라고 말하며 학생들에게 부단히 속도를 낼 것을 당부했다. 생성형 AI가 촉발한 거대한 흐름의 선두에 있는 쪽이든, 따라잡아야 하는 쪽이든 한가롭게 걸을 여유는 없다는 것이다. 자신의 뿌리인 모국의 미래를 이끌 최고의 인재들에게 전하는 당부였기에 그의 메시지는 더욱 긴박감을 줬다.

237
6장 메이드 인 엔비디아

AI 생태계 최상위 포식자, 엔비디아(출처: 셔터스톡)

　실제로 AI 생태계의 최상위 포식자가 된 엔비디아는
이전 버전의 자기 자신조차 먹잇감으로 삼기 위해 열심
히 달리고 있다. 남들과는 비교도 안 되는 속도로 말이다.

# '시 가속기' 시대가
# 열리다

엔비디아는 1993년 창업 이후 31년 동안의 역사에서 최
근에 처음으로 경쟁자들을 발밑에 둔 채 압도적인 우위
에서 시장의 주도권을 잡고 있다. 글로벌 시장조사 업
체 스태티스타Statista에 따르면 2023년 글로벌 AI 반도
체 시장 규모는 약 536억 6,000만 달러로 집계되었다. 이
어 2024년과 2025년에는 이 시장 규모가 각각 약 712억
5,000만 달러, 919억 6,000만 달러로 성장할 것으로 전망
했다.

한때는 수익이 기대되지 않는 시장이었으나 1,000
억 달러 규모를 목전에 둔 AI 반도체 시장에서 엔비디아

의 점유율은 90퍼센트가 넘는다. 관련 업계의 전문가들은 앞으로 5년 동안은 엔비디아가 75~90퍼센트의 점유율 수준을 유지하는 것이 충분히 가능하다고 보고 있다. 현재로서는 엔비디아를 대체할 만한 경쟁자들이 사실상 전무하기 때문이다.

AI 가속기인 'GPU'와 이 위에서 완벽히 호환돼 작동하는 프로그래밍 소프트웨어인 'CUDA', 그리고 CUDA를 플랫폼으로 삼아 딥러닝과 퀀텀 컴퓨팅을 비롯해 어떤 전문적인 작업이든 고도화할 수 있는 '도구모음'. 이 삼박자가 정교하게 합을 맞춰 돌아가면서 오늘날 엔비디아에게 대체 불가능한 지위를 차지할 수 있게 해주었다. 많은 사람들이 CUDA를 엔비디아라는 원조 맛집의 '시크릿 소스'라고 빗댄다. CUDA가 있는 한 엔비디아의 대체 불가능한 지위는 공고할 수밖에 없다는 주장에 이의를 제기하는 측을 찾아보기 힘들 정도다. 하지만 엔비디아는 여전히 배가 고프다. 이왕이면 앞으로도 경쟁자들이 쳐다볼 수도 없는 위치에 서고자 한다. 그럼 엔비디아는 어떻게 우위를 굳힐 수 있을까.

지금껏 그래왔듯, 엔비디아는 번데기가 탈피를 통해 성충이 되듯이 끊임없는 '혁신'을 반복한다. 대체 불가능한 주도권을 쥐었다고 해서 경쟁하던 시절보다 편해지지도 않았다. 이전 버전의 '메이드 인 엔비디아'조차 제힘으로 무너뜨려야만 한다고 생각한다.

이렇듯 명확히 상품화된 시장의 경쟁에서는 빠져나오고, '없던 시장'을 새롭게 개척해 주도권을 선점한 시장에서 엔비디아가 또다시 자신을 지켜내는 방식을 보면 그 대담함에 혀를 내두르게 된다.

# 카니발라이제이션:
## 어제의 나를 넘어서라

AI 시장의 경우 전체 시장 규모는 약 1,000억 달러에 이를 정도로 성장했지만, 현재 AI 산업이 수익성을 가져다 줄 수 있느냐는 질문에는 많은 사람들이 고개를 갸우뚱하고 있다. 아직은 컴퓨팅 인프라 기업인 엔비디아만 돈을 벌고 있다는 인식이 크다. 하지만 누구도 이 숨 가쁜 레이스에서 뒤처지고 싶지 않기 때문에, 일단은 수익성에 관계없이 기업들 저마다 인프라를 확보해 AI 모델 개발에 나서고 있다.

그 과정에서 AI 개발에 박차를 가하던 기업들이 방향성을 잃고 AI 프로젝트가 좌초되거나, AI 기업을 인수합병하면서 한때 주목받던 많은 기업들이 자취를 감췄다. 인수합병 방식 역시 피인수 회사의 사업 모델보다는 인재 및 인재가 확보한 기술력을 흡수하는 방식의 '애크하이어(acqhire: 인수acquisition와 고용hire의 합성어로, 기업 인수를 통한 고용을 지칭함)'가 주가 되고 있다. 2024년 8월, 대표적인 실리콘밸리 AI 스타트업인 캐릭터닷AICharacter.ai의 공동 창업자 노암 샤지어Noam Shazeer와 다니엘 디 프레이타스Daniel De Freitas가 캐릭터닷AI를 떠나 구글로 복귀한 것이 대표적인 사례다. 특히 노암 샤지어는 생성형 AI의 기반이 된 트랜스포머 모델을 소개한 논문의 공동 저자이자, 구글의 AI 챗봇 '람다LamDA' 개발에 관여한 유명 인물이다. 샤지어는 2021년 개인의 페르소나를 반영한 맞춤형 AI 챗봇을 개발하는 캐릭터닷AI를 창업해 뜨거운 반응을 얻었다. 그러던 중 구글이 AI 인재를 확보하기 위해 구글을 떠났던 그에게 영입을 제안하면서 다시 구글에 합류하게 됐다. 그 과정에서 캐릭터닷AI의 고유한 기술 자산은 구글이 독점적 라이선스를 갖는 조건 등이 포함된 것으로 보이지만, 인재 확보를 위해 27억 달러의 거금을 지불했다는 점에서 논란이 되기도 했다. 이같은 가격 거품 여부와 관계없이 현재는 생성형 AI가 비즈니스 모델보다는 인력과 기술 등 거대한 생태계 확보전의 성격이 뚜렷하다는 것을 확인할 수 있는 대목이다.

'AI 거품론'이 고개를 들 때마다 많은 기업들이 일희일비하며 속도를 늦추거나 멈출 때도 엔비디아는 제 갈 길을 달리면서 끊임없이 혁신하고 있다. 엔비디아의 끊임없는 혁신의 동력에는 내 제품은 내 손으로 그 수명을 끊더라도 경쟁사에게 먹잇감으로 내주지 않겠다는 각오가 담겨 있다. 차라리 스스로 포식자가 되겠다는 '카니발라이제이션Cannibalization', 즉 자기 시장 잠식 원칙을 실행하는 것이 생존을 위한 엔비디아의 또 다른 승부수다.

사실 2년 만에 역사 속으로 사라지게 된 호퍼 아키텍처는 엔비디아표 '카니발라이제이션'의 첫 제물이 아니다. 엔비디아는 1999년 지포스 256을 출시해 새롭게 GPU를 발명한 후 계속해서 전작을 뛰어넘는 제품을 내놓고 있다. 발명에 그치지 않고 재발명을 기업의 모토로 삼아, 번데기가 탈피를 통해 성충이 되듯이 끊임없이 진화를 거치며 성장하고 있다. 그 과정에서 엔비디아는 애지중지하는 '효자 제품'이더라도 경쟁사에서 이 제품을 무너뜨리기 전에 제 손으로 무너뜨리는 방법을 택했다. '없는 시장'에 진출해 그 시장을 압도적인 점유율로 지켜

내며 주도권을 쥐는 방식이다.

그렇지만 이 방식은 제품 단위에서 끝나지 않을 수도 있고, 그 제품이 이루었던 생태계 자체를 제 손으로 허물어야 하는 결정이 될 수도 있다. 이처럼 엔비디아 혁신의 역사는 곧 '카니발라이제이션'의 역사다.

젠슨 황은 한 강연에서 엔비디아가 주도권을 잡는 방식에 대해 이같이 설명했다.

"만약 테크 기업을 창업했는데,
스스로를 재창조하지 않는다면
서서히 죽어갈 수밖에 없습니다.
안타깝게도 가장 느리게 진행된다면
무어의 법칙의 속도로 진행될 것이고,
빠르게 진행된다면 무어의 법칙의
몇 배 속도로 진행되겠죠.
엄청난 수익을 창출하는 제품이라도
예외는 없습니다. 당신이 스스로
제품을 '카니발라이즈'하지 않는다면,
누군가가 나서 결국 그 제품은
잠식당할 수밖에 없습니다.

**진정으로 시장의 리더가 되기를 원한다면, 당신의 제품은 물론 당신의 아이디어마저도 카니발라이즈할 수 있는 주도권을 쥐어야 합니다."** [1]

다시 말해 카니발라이제이션은 기업이 기존 제품의 매출이나 시장 점유율을 잠재적으로 떨어뜨릴 수 있는 신제품을 출시하면서 '혁신'을 도모하는 방식이다. 어제의 성공을 넘어서기 위해 파괴적 혁신을 실행하는 것이다. 보통 AI 업계에서는 신제품을 출시할 때 경쟁사의 플래그십 제품(주력 제품)을 기준으로 자사 제품의 성능이 얼마나 높은지를 마케팅을 통해 알린다(통상적으로 많은 기업들이 엔비디아의 A100을 기준으로 신제품의 성능을 선전한다). 만약 1위에 만족해 주력 제품을 업그레이드하거나 대체하지 않는다면, 고작 지난 제품의 성능의 몇 배라는 마케팅 대상이 되기 쉽다. 결국 경쟁사에 의해 주력 제품이 낡은 존재가 되는 것은 피할 수 없는 일이다. 이런 방식은 경쟁사가 치고 들어올 틈을 주는 동시에, 주도권을 뺏길 위험 요소가 될 수 있다. 그렇기에 엔비디아는 거침없이 카니발라이제이션을 실행해 경쟁의 기준이 되는 자신의 제품을 스스로 넘어서고자 한다. 심지어 카니발라 이제이션의 속도도 무어의 법칙 이상으로 빨라야 한다는 점에 혀를 내두르게 된다.

애플의 스티브 잡스 역시 카니발라이제이션의 전문 가였다. 2007년 애플의 아이폰이 출시되기 한 해 전인 2006년에 애플의 아이팟 매출은 전체의 39퍼센트를 차지해 맥 제품 다음으로 높은 비중을 차지했다. 게다가 그보다 앞선 2005년 9월에는 아이팟 미니를 잇는 아이팟 나노 출시로 한 차례 카니발라이제이션을 한 상태였다. 당시 아이팟 나노의 수명은 더욱 오래갈 것이 분명했고, 아이폰이 출시된다면 2007년 9월에 출시가 예정된 아이 팟 터치의 경쟁력이 크게 떨어질 것이 분명했다.

"아이팟 출시와 함께 애플은 음악
컬렉션을 주머니에 넣은 채
어디서든 들을 수 있는
디지털 음악 플레이어의 완전히 새로운
카테고리를 발명했습니다.
아이팟의 등장과 함께 음악을 듣는 일은
이전과는 전혀 달라질 겁니다."[2]

2001년 첫 아이팟을 출시하면서 스티브 잡스가 자신 있게 공언한 말이다. 잡스는 효자 제품인 아이팟의 기세를 꺾으며 2007년에 마침내 '아이폰'을 출시했다. 아이팟이 성공적으로 데뷔한 이후부터 잡스는 계속된 불안감이 있었다. 애플과 아이팟의 성공을 파괴할 수 있는 어떤 잠재적인 위험 요소에 대해 몰두한 끝에, 잡스는 스마트폰의 출현을 가장 큰 위험 요소로 봤다. 그리고 시장에서 아이팟을 대체할 무언가를 내놓기 전에, 아예 애플이 선수를 치는 쪽이 낫다고 판단했다. 애플이 카니발라이즈하지 않는다면 다른 누군가가 곧 할 것이라는 생각에서였다.

잡스의 이 도전적인 결정으로 결국 애플은 시장을 크게 넓혔다. 시대는 스마트폰을 필요로 했고, 아이폰은 모바일 혁명의 중심에 섰다. 모든 모바일 앱들은 애플의 모바일 운영체제인 iOS 생태계로 모였고, 그 결과 하드웨어 기반의 애플은 애플페이, 애플뮤직, 애플 티비플러스, 애플 아이클라우드까지 무한한 영역의 서비스 제국으로도 자리 잡고 있다. 또 오랫동안 야심 차게 준비한 끝에 애플도 애플 인텔리전스AI로 AI 대열에 합류했다. 시기적으로 다소 뒤늦었다는 시각이 있지만, 애플이 확보한 거대한 모바일 생태계와 이용자들의 높은 충성도를 고려하면 커다란 파괴력을 발휘할 수도 있을 것이라는 전망이다.

# 플랫폼 엔비디아

"핵심은 (AI 가속기 시장에는)
많은 선택지들이 있다는 것입니다.
앞으로 단 하나의 선택지가 아닌,
여러 선택지가 존재하는 상황을
보게 될 것이라고 생각합니다."[3]

2023년 12월 엔비디아의 오랜 경쟁 업체인 AMD의 리사 수Lisa Su CEO는 캘리포니아주 산타클라라에서 열린 '어드밴싱 AIAdvancing AI' 컨퍼런스에서 호기롭게 선언했다. 리사 수는 AMD의 최신 AI 가속기인 '인스팅트Instinct MI300' 시리즈를 공개한 뒤 이 자리에 참석한 기자들을 향해 제품에 대한 확실한 자신감을 드러냈다. 그 근거로 엔비디아의 H100과 직접적으로 경쟁하는 MI300X의 경우 텐서플로트TensorFloat, 부동 소수점Floating Point, 블록플로트BlockFloat를 비롯해 정수 데이터 유형을 추론하는 데 H100 대비 1.3배 이상의 성능을 낸다는 점을 들었다. 생성형 AI 붐 이후 처음으로 의미 있는 경쟁 구도가 벌어질 것인지를 두고 관련 업계에서는 기대감이 넘쳤다. 하지만 AMD가 미처 MI300X를 출하하기 전인 2024년 3월에 엔비디아가 호퍼 시리즈의 차기작인 '블랙웰' 시리즈를 공개하면서 또다시 성능 격차를 크게 벌렸다.

블랙웰이 기존 제품과 다른 점은 두 개의 칩을 맞대는 '다이 투 다이Die to Die' 방식으로 연결해 두 개의 칩이 하나의 AI 칩으로 기능하게 한 것이다. 1,040억 개의 트랜지스터를 각각 탑재한 칩이 연결되면서 그 2배인 2,080억 개의 트랜지스터 기능을 자랑한다. 초당 10테라바이트의 데이터가 두 개의 다이를 움직이면서 빠르게 AI 연산을 처리하는 이 칩은 크기는 2배가 됐고, AI 추론 성능은 5배에 달한다. 2년 전에 출시한 전작 H100과 비교했을 때 다이당 성능이 2.5배로 높아진 것이다. AMD의

MI300X와의 성능 격차에 자연스럽게 고객사들의 인프라 구매 계획도 상당 부분 수정됐다.

이처럼 많은 기업들이 엔비디아의 현재 주력 제품을 기준 삼아 열심히 추격하고 나면, 엔비디아는 또다시 다음 버전을 발표하면서 그 격차를 더욱 크게 벌려놓는다. 이미 우위로 시작된 계주가 판세의 변화 없이 끝없이 진행되는 잔혹한 양상이다. 리사 수는 2014년 10월 AMD를 이끌게 된 이후 회사를 파산 위기에서 구하고 흑자로 전환하는 한편, 우상향의 성장 곡선을 만들어내는 등 큰 성취를 이루었으나, 단 하나 넘지 못한 벽이 있었다. 바로 엔비디아였다.

경쟁사들이 엔비디아의 주력 제품의 성능을 따라잡기 위해 총력을 기울이고 있을 때, 엔비디아는 한 발 더 나아가 시장을 넓히면서 계속해서 '영토 개척'에 나서고 있다. 게임에서 앞서는 동시에 새로운 게임의 판을 짜면서 우위를 굳혀 나가는 방식이다. 새로운 방식으로, 새로운 제품에 접근하면서, 새로운 고객층을 공략해 어제의 시장보다 오늘의 시장 규모를 키운다. 대표적인 것이 AI 가속기를 넘어 'AI 플랫폼'이 되겠다는 구상이다.

GTC 2024에서 온·오프라인으로 참가한 30만 명은 물론, 전 세계의 눈은 엔비디아의 신제품뿐만 아니라 젠슨 황이 내놓을 엔비디아의 비전으로 향했다. 젠슨 황은 엔비디아가 여전히 GPU를 만드는 기업이라는 사실은 변함없지만 GPU의 기능과 역할이 이전과는 크게 달라졌고, 엔비디아도 플랫폼 기업이 될 수 있다는 점을 확실히 각인시키고 싶어 했다.

**"블랙웰은 단순히 AI 칩의 이름이 아닙니다. 새로운 '플랫폼'의 이름입니다. 생성형 AI는 우리 시대의 기술을 새롭게 정의하고 있습니다. 블랙웰은 새로운 산업혁명에 동력을 공급하는 엔진이 될 것입니다. 우리는 모든 산업 분야에서 'AI에 대한 약속'을 현실화시킬 것입니다."[4]**

실제로 블랙웰은 데이터 프로세싱, 엔지니어링 시뮬레이션, 전자설계 자동화, 컴퓨터 기반 신약 설계, 퀀텀 컴퓨팅, 생성형 AI 등의 부문에서 보다 파괴적인 진전을 가져다줄 것으로 보인다. 그런 가운데 젠슨 황이 블랙웰을 두고 'AI 칩'이 아니라 '플랫폼'이라고 언급한 데는 의미심장한 부분이 있다. 이를테면 이전에는 AI 인프라의 주축이 되는 도로를 만들 때 필요한 부품을 제공했다면, 이제는 도로의 차선 개수와 폭은 물론 터널 유무 등과 같은 도로 전반의 설계와 나아가 교통관제 시스템까지 제공하겠다는 선언에 가깝다.

이날의 '플랫폼' 선언은 앞으로 엔비디아가 게임의 새 판으로 삼을 곳들에 대한 실마리를 제공했다는 점에서 눈여겨볼 필요가 있다. 젠슨 황은 이날 엔비디아의 AI 서비스 플랫폼에서 고객에게 두 가지 선택지를 제공하겠다고 밝혔다. 하나는 엔비디아의 도움으로 자체 AI 모델과 코파일럿(Copilot: 자체 데이터를 바탕으로 일상적인 업무를 더욱 빠르게 처리할 수 있도록 도와주는 AI 비서)을 누구나 쉽게 구축할 수 있도록 하겠다는 것이다. 다른 하나는 구축한 AI 모델을 쉽고 효율적으로 실행, 배포할 수 있도록 전 과정을 지원하겠다는 내용이다. 언뜻 두 가지가 다른 서비스 같지만 AI 서비스의 맞춤형 제작, 실행, 배포 전 과정에 걸쳐 엔비디아가 원스톱 서비스를 제공해 고객이 처음부터 끝까지 엔비디아의 포근한 품에서 벗어날 가능성을 원천 차단하겠다는 의지가 담겼다.

**"우리가 TSMC에 아이디어를 제공하면**
**그들이 제조를 해주고**
**그 결과물을 받아갑니다.**
**정확히 비슷한 일이**
**여기서 벌어지고 있어요.**
**TSMC가 우리에게 칩을 만들어주면서**
**하는 일을, 우리는 AI 업계에**
**똑같이 해줄 계획입니다."**[5]

이날 젠슨 황은 엔비디아가 사실상 'AI 파운드리'로서 역할하고 있다며, 동명의 서비스를 공개했다. 누구나 만들고자 하는 맞춤형 AI 모델이 있다면, 이를 위해 엔비디아가 갖춘 인프라와 도구를 제공하는 것이다. 고객 입장에서는 이 AI 파운드리 서비스를 통해 엔비디아의 DGX 클라우드, 맞춤형 AI 모델의 기반이 되는 파운데이션 모델, 네모NeMo 소프트웨어를 비롯해 각종 도구를 활용할 수 있다. 무엇보다 전 과정에서 엔비디아의 노하우를 활용해 검증된 방식으로 AI 모델을 구축할 수 있고, 만들고 운영하는 과정에서의 각종 위험 요소를 크게 낮출 수 있다.

사실 상당수 기업들은 막대한 AI 역량과 자원을 갖고 있지 않은 이상 기존에 없는 새로운 AI 모델을 만들기보다는 이미 검증된 모델을 바탕으로 기업들 저마다 보유한 데이터를 투입해 맞춤형 모델을 만들어내는 것을 이상적으로 여긴다. 이 같은 고객의 니즈를 충족시키려면 결국 얼마나 많은 파운데이션 모델을 확보하고 이를 고객의 입맛에 맞게 제공할 수 있느냐가 관건이 된다. 엔비디아는 자체 파운데이션 모델을 제공하는 동시에 '파트너십'을 통해 구글의 오픈소스 AI 모델 젬마Gemma, 메타의 라마Llama 3, 마이크로소프트의 파이-3Phi-3 등 40여 개 모델을 이용할 수 있도록 강력한 생태계를 구축했다.

파트너십 능력은 엔비디아의 최대 강점이기도 하다. 엔비디아가 컴퓨팅 인프라의 할당권을 쥔 만큼 많은 기업들이 러브콜을 보낼 수밖에 없기 때문이라고 넘겨짚기 쉽지만, 엔비디아는 고객사별로 차별화된 요구를 만족시켜주는 데 탁월하다. 이는 IT 전 산업군의 경계가 모호해지고 언제든 변방과 주류의 경계가 뒤섞일 수 있는 생성형 AI 붐 이후의 CEO에게는 특히나 필요한 파트너십 역량이다.

　GTC 2024 이후 일주일이 지난 2024년 3월 27일, 마크 저커버그 메타 CEO의 인스타그램에는 한 장의 사진이 올라왔다. "저지 바꿔 입기Jersey swap"라는 간단한 설명의 사진 속에는 젠슨 황과 마크 저커버그가 서로의 시그니처 아이템인 검은 가죽 재킷과 카멜색의 무스탕을 바꿔 입고 있었다. 마치 합성과도 같은 사진에 전 세계 팬들은 미리 만우절 이벤트를 받은 것처럼 즐거워했다. 저커버그는 2024년 2월 한국과 일본을 연달아 방문했을 때도, 이 옷차림을 소화해 저커버그표 시그니처 아이템이라는 점을 분명히 한 바 있다. 보통 '저지 스와프'는 스포츠 경기에서 상대 팀 선수들이 서로에 대한 존경의 의미로 유니폼을 바꿔 입는 것을 의미한다. 다시 말해 엔비디아와 메타의 파트너십이 그만큼 끈끈하다는 것을 상징적으로 보여주는 장면인 셈이다.

　AI 모델을 충분히 확보했다면, AI 모델을 각자 맞춤형으로 구축하는 것이 다음 단계다. 맞춤형 AI 모델을 쉽게 구축할 수 있도록 파인 튜닝(미세 조정)을 위한 대규모 고품질 데이터 세트NeMo Curator를 통해 AI 모델의 성능을 높이고, AI 모델을 평가NeMo Evaluator하는 것이다. 그

뿐만 아니라 AI 모델이 원치 않는 답변을 하거나, 서드파티(Third Party: 애플리케이션 개발 업체) 애플리케이션과 연결되거나, AI가 응답하는 과정에서 적정선의 대화(부정확한 정보, 민감한 정보, 주제에서 벗어난 정보, 보안 관련 등)를 관리해주는 네모 가드레일NeMo Guardrails도 지원한다.

이렇게 AI 모델이 만들어지면 클라우드와 데이터센터 환경에서 이 모델의 배포를 손쉽게 하는 동시에 모델을 보다 가속화된 인프라에서 효율적으로 운영하는 것이 중요해진다. 이 과정에서 엔비디아의 'NIM(NVIDIA Inference Microservices: 엔비디아 추론 마이크로서비스)'이 필요해진다. 특히 대규모 언어 모델LLM의 한계로 여겨지는 결과값의 오류 가능성을 줄이기 위한 필수 단계인 강력한 '검색 증강 생성Retrieval-Augmented Generation' 기능을 제공하는 것도 고객들에게는 매력적으로 다가오는 요소다. 특히 같은 AI 모델을 실행하더라도, NIM을 활용해 실행할 경우 최대 3배 많은 생성형 AI 토큰을 생성할 수 있게 했다. 결국 '인프라 가성비'를 극대화하기 때문에 기업들이 엔비디아의 자원을 이용할 수밖에 없는 유인을 제공하는 셈이다.

이러한 방식으로 엔비디아는 GPUaaSGPU as a Service

시장 역시 사실상 엔비디아의 독무대로 만들었다. 기업들이 AI 가속기 인프라를 별도로 구축하고 있지 않더라도, 엔비디아의 인프라 자원을 활용해 누구나 쉽게 AI 모델을 만들고 배포, 운영할 수 있게 했다. GPUaaS는 클라우드 환경에서 GPU를 서비스 형태로 제공해, 탄력적으로 인프라를 운용할 수 있어서 온프레미스(On-premises: 기업이 자체 구축한 IT 인프라) 도입이 어려운 기업들이 선택지로 삼고 있다. 처음부터 어느 정도의 규모를 확정하지 않고도, 일단 AI 모델을 개발하고 이후 유연성을 발휘할 수 있다는 점에서 당장 한 치 앞을 모르는 기업의 신사업팀 등과 같은 부문에서 특히 선호한다.

GPUaaS 시장은 급속도로 성장 중이다. 글로벌 시장 조사 업체 리서치네스터Research Nester에 따르면, 2023년 34억 1,000만 달러였던 전체 GPUaaS 시장은 2036년까지 760억 달러 규모로 성장할 것으로 전망된다. 연평균 성장률CAGR이 27퍼센트에 달한다. 엔비디아는 GPUaaS 시장을 공략해 기존에는 인프라를 따로 구축할 예산과 규모가 부족했던 스타트업과 비영리 기관 등까지 포섭해 대폭 고객층을 넓힐 것으로 보인다.

고객층을 넓혀 수익원을 늘리는 것만큼이나 공급망

이슈, 반도체 사이클 등과 같은 외부 요인에 영향받지 않는 일정한 수익원 확보도 중요하다는 점에서 엔비디아에도 큰 기회다. 반도체 산업은 기본적으로 사이클의 지배를 받는다. 특히 코로나19 팬데믹과 같은 사건이 공급망 이슈에 벌어질 경우 무차별적으로 영향을 받는다. 아무리 엔비디아의 AI 가속기에 대한 수요가 넘쳐도 공급이 이를 받치지 못하면 수익 창출의 기회비용은 그만큼 커질 수밖에 없다. 이 때문에 공급망 이슈에 관계없이 일정한 수준 이상의 '마르지 않는 샘'이 돼줄 수익이 기업으로서는 간절한 상황이다. 이는 AI 가속기 시장의 최상위 포식자인 엔비디아라고 해도 예외는 아니다.

대표적으로 애플의 경우 하드웨어 기업이지만 2013년 처음으로 서비스 부문의 매출을 별도로 공시한 후 애플 앱스토어를 비롯해 아이튠즈, 애플뮤직, 애플 아이클라우드, 애플 티비플러스 등 서비스 부문의 매출이 2024년 2분기 기준 242억 달러로 해당 분기 전체 매출의 28퍼센트로 집계됐다. 서비스 부문이 전체 매출에 효자 노릇을 톡톡히 하고 있다. 또한 시장조사 업체 스태티스타에 따르면, 2025년 애플의 전체 서비스 부문 매출은 1,000억 달러를 넘어설 것으로 전망된다.

이때 등장하는 흥미로운 콘셉트가 '엔비디아 인증 시스템NVIDIA-Certified System'이다. 이 인증 시스템은 AI 학습과 추론, 데이터 분석을 비롯해 시각화, 렌더링, 가상화 등 모든 단계에서 보안을 강화하고, 외부로부터 위험을 방지하기 위해 엔비디아가 인증한 파트너 풀을 활용하는 것을 말한다. 사실상 '엔비디아 인증'이라는 라벨링을 통해 거대한 생태계를 꾸리겠다는 야심 찬 포부가 드러나는 부분이다. 엔비디아가 강력한 컴퓨팅 인프라 기업인 만큼 누구나 파트너십을 맺으려고 줄을 설 수밖에 없고, 기업 입장에서도 엔비디아 인증 시스템은 강력한 보증수표가 된다. 동시에 엔비디아 입장에서는 가장 강력한 사업 모델이 된다. 엔비디아가 쌓은 브랜드 이미지와 신뢰도가 마르지 않는 수익원을 가져다줄 수 있기 때문이다. 엔비디아가 이제 본격적으로 AI 생태계 비즈니스를 시작했다는 것이 명확해지는 순간이다.

생성형 AI 붐 이후 많은 클라우드 기업들이 저마다 AI 모델을 만드는 기업과 협업해 다양한 AI 모델을 자신의 클라우드 플랫폼에 유치하는 것을 고객 유인의 최대 마케팅 포인트로 삼고 있다. 대표적으로 마이크로소프트의 애저Azure, 아마존의 AWSAmazon Web Services, 구글 클라우드 등의 클라우드 업체들이 이 같은 AI 서비스 생태계 확보를 위해 경쟁의 판을 짰다. 다양한 AI 모델을 플랫폼에 확보할수록 고객 역시 늘어날 수밖에 없는 구조다. 이용자 입장에서는 카탈로그에 들어 있는 AI 모델들의 선택지가 늘어나기 때문이다. 예를 들어 신약 개발을 위해 필요한 요소에는 3차원 단백질 구조 예측, 신규 단백질 생성, 분자의 특성 예측 등이 있는데, 이 연구를 위해 AI 모델이 필요한 경우 카탈로그에서 쉽게 선택해 주문하고 쓸 수 있는 방식이다. 장기적으로 엔비디아가 클라우드 서비스로 영토를 확장하게 됐을 때, 클라우드 서비스 제공 업체CSP들은 어떤 다른 것을 줄 수 있을지 고민이 필요한 부분이다.

# 거대한 GPU 생태계를 창조하다

엔비디아는 시장의 주도권을 쥐지 못하던 시절에조차 후속작에서 방향 전환을 이루어냈다. 이를 통해 기존 제품을 카니발라이즈하는 데 주도권을 놓지 않았다. 또 하나의 대표적인 예가 프로그래밍할 수 있는 셰이더(Programmable shader, 이하 '프로그래머블 셰이더'라고 지칭함)의 출시다. 2001년 엔비디아는 최초의 프로그래머블 셰이더를 탑재한 NV20 아키텍처 기반의 GPU인 '지포스 3'를 출시했다. 이전까지만 해도 게임 개발자들은 게임을 설계할 때 고정된 그래픽 파이프라인만을 활용할 수 있었다. 이를테면 템플릿이 한정돼 있다 보니 개발자들이 창의성을 발휘할 여지가 없고, 개발자마다 차별화할 수 있는 요소도 극도로 적었다.

프로그래머블 셰이더는 화면에 출력할 픽셀의 위치와 색상을 계산하는 함수를 개발자가 직접 코드를 작성해 이에 맞춰 실행할 수 있게 함으로써 이전까지의 게임 설계 방식을 완전히 바꿔놓았다. 그래픽카드에서 작동하는 개발자들의 C언어를 기반으로 하여 C언어와 유사한 문법으로 그래픽 프로그래밍도 가능해졌다. 이 방식을 통해 게임과 영상에서 표현할 수 있는 3D 그래픽의 수준은 완전히 달라졌다. 개발자들은 누구나 자신만의 셰이더 코드를 작성해 현실적인 조명과 그에 따른 그림자를 입혀 입체감이 느껴지고 질감까지 표현하는 렌더링을 할 수 있게 됐다.

하지만 출시 초기에 프로그래머블 셰이더는 호응을 얻지 못했다. 처음 지포스 3가 출시됐을 때는 많은 개발자들이 그 필요를 느끼지 못했고, 소수의 얼리어답터를 제외하고는 대부분 셰이더 코드를 입력하는 것 자체에 진입장벽을 느꼈다. 지포스 256 출시 후 지포스 2를 통해 지포스 라인의 인지도를 대폭 끌어올렸는데, 이것들을 순식간에 낡은 제품으로 만드는 결정이 될 수도 있었다. 그

뿐만 아니라 자칫 잘못하면 지포스의 대중화에도 큰 걸림돌이 생길 위기였다. 하지만 젠슨 황은 게임마다 다른 차별성과 창의성의 표현 도구가 필요한 게임의 특성상 프로그래머블 셰이더는 피할 수 없는 등장이 될 것이라고 보고 이를 밀어붙였다. 그런데 다음 해 지포스 상위 라인에서 FX 플로의 괴상한 생김새와 발열 문제로 인해 지포스 라인은 한동안 외면받기도 했다. 이후 1~2년이 지나서야 소비자들은 프로그래머블 셰이더를 당연히 갖춰야 할 요소로 여기기 시작했다.

한동안 지포스 시리즈는 엔비디아의 실패의 아이콘으로 기억됐다. 그러나 GPU용 셰이더 프로그래밍 언어인 Cg C for graphic가 없었다면 엔비디아가 그래픽카드를 넘어 범용 GPU로 가는 길은 요원했을 것이라는 게 젠슨 황의 지론이다. 프로그래머블 셰이더를 통해 범용 GPU에 대한 수요를 확인하게 됐다는 것이다. GPU의 활용도 또한 크게 넓어졌다. 이전에는 게임과 영상에서 그래픽 렌더링을 하기 위한 것으로 용도가 한정됐다면, 프로그래머블 셰이더의 개발로 기존의 쓰임 역시 카니발라이제이션을 하게 된 것이다. 단순한 그래픽 렌더링을 넘어 과학 계산, 데이터 분석, AI 연구 등 다양한 분야에 병렬 연산을 수행할 수 있는 범용 GPU의 길이 열렸다. CUDA 역시 그 시작에는 Cg의 첫발이 있었다.

앞서 설명했듯이, 무어의 법칙도 예외는 아니다. 엔비디아는 반도체 업계에서 60년 가까이 지배적인 법칙으로 여겨져 사실상 물리 법칙과 같은 이 법칙도 카니발라이제이션 대상으로 삼았다. '황의 법칙'이 본격적으로 쓰이기 전인 2018년 당시 많은 사람들이 주목하지는 않았지만, 젠슨 황은 다음과 같이 의미심장한 언급을 했다.

> **"딥러닝이 현실화되려면**
> **세계는 '슈퍼차지 컴퓨터'를**
> **필요로 합니다.**
> **지난 5년만 돌이켜 봐도**
> **GPU 컴퓨팅이 정답이라는 것은**
> **의심의 여지가 없을 것입니다."**[6]

엔비디아 GTC 2018에서 젠슨 황은 '슈퍼차지super-charge 법칙'을 언급했다. 5년 전에 비해 오늘날 엔비디아의 GPU 성능이 25배가 빨라졌다는 발표와 함께였다. 그렇지만 GPU의 성능 개선이 무어의 법칙만을 따랐다면 오늘날 그 성능이 10배 증가하는 데 그쳤을 것이라는 점을 짚었다. 이미 GPU의 성능 개선은 무어의 법칙보다 더욱 빠른 모터를 탑재한 법칙으로 돌아가고 있다는 점을 분명히 한 것이다. 젠슨 황의 이 같은 생각은 60년 넘는 반도체 성능 개선의 법칙조차 자신의 것으로 만들 뿐만 아니라, 나아가 이 법칙의 한계선을 높였다. 엔비디아가 혁신의 주도권을 쥐는 방법이다.

시간을 거슬러 가보면 생성형 AI 붐이 태동하기 직전인 2020년 9월, 의미 있는 신호가 감지됐다. 〈월스트리트저널〉의 한 칼럼에서 저널리스트인 크리스토퍼 밈스Christopher Mims는 '황의 법칙'이라는 용어를 처음 언급했다.[7] 그는 반도체 집적회로의 성능이 2년마다 2배씩 증가한다는 내용의 무어의 법칙을 당시 성장 일로에 있던 GPU에 적용해 분석했다. AI 추론의 양이 늘어나고 속도가 빨라지면서 GPU의 개당 성능 역시 2년마다 2배씩 증가한다는 내용이었다.

이때 밈스가 근거로 내세운 것은 2012년 11월부터 2020년 5월까지 엔비디아 GPU의 개당 성능이 317배 증가했다는 사실이다. 이 같은 밈스의 명명 이후 많은 매체에서 '황의 법칙'을 입에 올리기 시작했다. 이전만 해도 드물게 언급됐던 황의 법칙은 이 시점 이후 고유명사로 자리 잡았다(현재 황의 법칙은 그 의미가 확대돼 젠슨 황의 경영 원칙을 일컫는 용어로도 쓰이고 있다). 황의 법칙의 부상은 단순히 무어의 법칙을 황의 법칙이 대체한다는 의미에 그치지 않는다. 인텔에서 엔비디아로 반도체의 패권이 이동했다는 것을 기정사실화하는 것이다.

무어의 법칙으로 대표되는 인텔은 실리콘밸리의 위상을 상징하는 기업이자 실리콘밸리라는 명칭의 최대의 지분을 가진 기업이라고 해도 무방하다. 작가이자 저널리스트인 데이비드 캐플런David Kaplan은 1999년에 출간한 《실리콘밸리 스토리The Silicon Boys》에서 "인텔이 최초의 마이크로프로세서를 출시하고 기업공개를 했던 1971년에 실리콘밸리는 마침내 지금의 이름을 얻게 됐다"라고 말한 바 있다. 그런데 실리콘밸리의 원형이자 시초가 된 반도체 패권이 유구한 역사를 자랑하는 인텔에서 서른살의 비교적 젊은 기업인 엔비디아로 이동한 것이다. 그 비결은 단 하나였다. 끊임없이 한계에 도전하며 무어의 법칙을 현실로 만든 것이다.

황의 법칙은 AI 붐 이후 다시 자가 발전을 거듭했다. 그로부터 몇 년 후인 2023년 9월 엔비디아의 공식 블로

그에는 주목할 만한 한 건의 글이 올라왔다. 300명으로 구성된 엔비디아 리서치팀을 이끌고 있는 빌 달리Bill Dally 수석 과학자는 지난 10년 동안 AI 추론을 위한 GPU의 개당 성능이 1,000배 이상 향상됐다고 밝혔다.[8]

이후 누구나 '황의 법칙'이 무어의 법칙을 대체했다고 판단했을 때, 젠슨 황은 이 같은 법칙에서도 벗어나는 방법을 택했다. 한 인터뷰에서 젠슨 황은 이렇게 밝혔다.

**"무어의 법칙이 공식화된 방식을 살펴본 후,
'무어의 법칙에 얽매이지 말자',
'무어의 법칙은 컴퓨팅 능력을
제한하는 것이 아니다'라고
다짐하고 직원들에게도 강조했습니다.
무어의 법칙에서 벗어나
새로운 확장 방법을 생각해야 했습니다."[9]**

엔비디아가 발명했다고 볼 수 있는 '가속 컴퓨팅'은 말 그대로 스마트폰부터 슈퍼컴퓨터까지 컴퓨팅 기기가 처리할 수 있는 작업 성능을 빠르게 하는 것을 기본 속성으로 한다. 이때 하드웨어의 가속기 역할을 하는 GPU는 하나의 일을 끝내야 다음 일로 넘어갈 수 있는 '직렬 방식'의 CPU와 달리 여러 가지 계산을 동시에 처리할 수 있다. GPU는 병렬 방식으로 작동하기 때문이다.

여기서 중요한 점은 데이터센터에 가동되는 GPU가 단순히 데이터센터 랙에 이를 꽂았다 빼는 것과 같이 쉽게 조립식 컴퓨터처럼 이용할 수 없다는 것이다. GPU가 막대한 연산 능력을 발휘하기 위해서는 CPU뿐만 아니라 많은 소프트웨어가 제 역할을 해야 한다. 시스템을 만드는 기본 칩 설계와 더불어 소프트웨어, 네트워크, 실리콘 포토닉스를 비롯해 대규모 데이터센터에 연결돼 있는 하나의 광범위한 플랫폼 전체가 필요하다.

젠슨 황은 GPU가 CPU를 대체하는 것이 아니라, GPU가 오히려 CPU의 힘을 강력하게 만든다고 생각한다. 다시 말해 경쟁을 위해 기존 시장이나 제품을 대체하는 것이 아니라, 기존 컴퓨터로는 풀 수 없는 문제들을 풀 수 있도록 컴퓨팅 능력 자체를 강력하게 만들겠다는 것이다. 이 때문에 엔비디아가 새로운 제품을 내놓을 때마다 많은 사람들의 관심이 차세대 아키텍처를 탑재한 GPU로 향하지만, 엔비디아는 CPU를 비롯해 많은 반도체 칩의 설계에 있어서도 커다란 강점을 갖고 있다. 무언가를 대체하기 위해 경쟁하는 마음으로 만들어내는 제품과 달리, 기존의 문제 해결 도구를 보완하고 강력하게 만들기 위해 양산하는 제품은 장기적으로는 해당 산업에 미치는 영향력이 달라질 수밖에 없다. 동시에 완벽함을 위해 추구하는 수준도 극적인 차이가 나타나게 마련이다.

이를테면 블랙웰 노드의 경우 다이 투 다이로 연결된 두 개의 GPU와 한 개의 그레이스 CPU 사이에서 원활히 명령과 연산이 오갈 수 있도록 병목현상을 낮춰 주는 NV링크(NVLink: 엔비디아의 전용 통신 규격)가 중요한 역할을 한다(CPU 역시 꾸준히 개발해 2026년에 차세대 CPU인 '베라'를 출시하겠다고 공언했다). 엔비디아는 업계 전체를 통틀어 NV링크 성능에 엄청난 강점을 갖고 있다. 여기에 '블루필드BlueField'로 불리는 데이터 처리 유닛DPU이 합세해 데이터센터의 장비, 네트워크 사이의 데이터 처리를 효율적으로 이끈다. 이 노드가 여러 개 합쳐져 데이터센터 서버 컴퓨터의 하나의 랙 역할을 한다. 결국 데이터센터는 여러 반도체 부품들이 일사불란하게 화합해 하나의 오케스트라를 만들어내야 하는 일종의 예술이다.

이 본질을 꿰뚫어 본 엔비디아는 단일 칩들을 넘어 데이터센터라는 큰 그림으로 시야를 넓히기 시작했다. 이

전에는 데이터센터를 구성하는 AI 가속기에 집중했다면, 이제 엔비디아의 제품을 새로운 방식의 지식을 생산하는 '인텔리전스 공장Intelligence Factory'이자 'AI 공장AI Factory'으로 바라보기 시작한 것이다.

> **"우리는 (CPU, GPU, NV링크 등)**
> **모든 부문을 갖추고 있기 때문에,**
> **AI 공장의 설계와 통합을 제공할 수 있는**
> **매우 독특한 능력을 보유하고 있습니다.**
> **모든 부문을 갖추지 않는 한**
> **매년 새로운 AI 공장을 만드는 것은**
> **불가능합니다."**[10]

2024년 8월, 2분기 실적 발표 후 월스트리트의 투자자들을 대상으로 한 컨퍼런스 콜에서 젠슨 황은 이같이 밝혔다. 엔비디아가 AI 공장을 구축하는 데 압도적인 강점을 갖췄다고 언급한 것이다. 많은 기업들은 데이터센터를 한 단계 업그레이드해 구축할 수 있는 자원이나 노하우를 갖고 있지 않지만 그 필요성과 절박함은 갖고 있다. 이러한 경우 믿을 만한 노하우를 가진 기업이 제공하는 '턴키 솔루션(Turnkey solution: 구매자가 바로 사용할 수 있도록 생산자가 전 과정을 완성된 상태로 제공하는 것)'을 선호할 수밖에 없다. 엔비디아는 그간 확보한 다양한 고객사 데이터로 고객사들이 어떤 하드웨어와 소프트웨어를 필요로 하는지 최적의 조합을 구성할 수 있는 능력을 갖고 있다는 것도 큰 강점이다. 이를테면 GPU와 CPU의 적절한 조합은 전력 소비를 3배만 증가시키면서 최대 100배의 속도 향상을 도모할 수 있는데, 이 같은 노하우 측면에서 엔비디아를 따라올 수 있는 곳은 없다는 자신감을 분명히 했다.

엔비디아는 스스로 GPU의 역할을 '범용 GPU'로 확장한 데 이어 '데이터센터'라는 영역으로 눈을 돌렸다. 앞으로 엔비디아가 제공하는 것은 단순히 AI 가속기 하나하나에 그치는 것이 아니라, 'AI 공장'으로 불리는 데이터센터의 설계부터 구축까지의 원스톱 서비스가 될 것이라는 점이다. '메이드 인 엔비디아'를 새롭게 설계하고 있는 것이다. 경쟁 업체인 AMD도 2024년 8월 데이터센터용 서버 컴퓨터를 제조하는 ZT시스템을 약 49억 달러에 인수하며 응전 태세를 분명히 했지만 후발 주자의 제약은 분명히 존재할 것이다.[11]

동시에 엔비디아의 기업 비전도 계속해서 변화했다. GPU 제조 업체에서 가속 컴퓨팅 회사로, AI 컴퓨팅 회사를 넘어 AI 플랫폼 회사로 기업의 정체성을 재정립했다. 엔비디아의 과감한 카니발라이제이션이 없었더라면 오늘날 AI 시대는 보다 늦게 태동했을 것이고, 이를 이끄는 것은 엔비디아가 아닌 다른 기업의 역할이 됐을지도 모른다.

엔비디아가 주도권을 유지하려면, 지금껏 그랬듯, 고객들 자신이 니즈가 있는지조차 알지 못하는 제품이기에 잠재 고객 풀을 확보하기 위해서는 이를 홍보하는 데 더 많은 노력을 투입해야 한다. 그러나 일단 고객들이 엔비디아만의 방식에 익숙해지고 이를 습관화한다면 고객 충성도는 더욱 높아질 수밖에 없다. 고객 충성도가 높아지면 엔비디아가 개발사 입장에서 조성하는 생태계에 합류하고자 하는 니즈는 커지기 마련이다. 엔비디아 생태계가 자가 증식할 수 있는 구조다.

AI 서비스 플랫폼으로 도약을 선언한 엔비디아가 이제 미래를 위해 바라보는 곳은 'AI 로보틱스 플랫폼'이다. AI의 최전선에 있는 기업으로서 엔비디아는 AI의 최종적 쓰임은 인간과 동일하게 움직이는 휴머노이드 로봇이 될 것이라고 보고 미개척지 시장을 찾아나서고 있다. 하드웨어부터 소프트웨어까지 아우르는 통합 로보틱스 플랫폼이 바로 그것이다.

이에 엔비디아는 '프로젝트 그루트Project GROOT'를 통해 이족 보행 휴머노이드 로봇에 쓰이는 범용 AI 모델을 만드는 일에 뛰어들었다. 그루트는 자연어를 이해하고, 실제 세계를 탐색하고, 외부 환경에 적응하는 한편 인간의 행동을 관찰해 움직임을 모방한다. 현실의 모든 것이 학습 대상이 되는 것이다. 흥미로운 점은 로봇의 학습을 위해서도 현실 세계의 물리 법칙을 정확히 구현한 엔비디아의 디지털 트윈 기술이 활용된다. 그야말로 부가가치를 극대화하는 무한한 활용이다.

엔비디아는 애초에 경쟁자들의 진입장벽을 높이고자 통합 로보틱스 플랫폼을 위한 생태계 전체를 확보하는 방식을 취했다. 그루트는 로봇을 학습시키고 움직이는 알고리즘을 탑재한 GPU뿐만 아니라, 이를 바탕으로 로봇의 훈련부터 개발, 배포까지 엔드 투 엔드End-to-End로 담당하는 '로봇 통합 제작 솔루션'을 의미한다. 결국 로봇의 두뇌가 되는 생성형 AI와 훈련 도구가 되는 디지털 트윈까지 로보틱스 플랫폼의 시작부터 최종 관문에 이르는 기업이 되겠다는 포부다. 결국 10년 전 모바일 칩 경쟁에서 빠져나오면서 로보틱스 분야로 진출해 최강자가 되겠다는 비전이 현실화된 것은 엔비디아 GPU의 끝없는 '카니발라이제이션', 즉 자기 잠식을 넘어선 자기 증식이 있었기에 가능했다.

많은 사람들이 과감한 혁신과 카니발라이제이션으로 성공을 거두다가도 어느 정도 반열에 올라서면 지금의 지위를 유지하고자 하는 관성이 생긴다. '적당한 성공'을 거두는 데는 효과적인 방식이지만 범지구적인 영향력을 미칠 수 있는 기업이 탄생하기는 어렵다. 성공의 경험으로 '메이드 인 엔비디아'조차도 과감히 카니발라이즈하는 모습에서 배울 점은, 적당함에 타협하지 않는 완벽주의와 이를 뛰어넘는 끊임없는 도전 의지다.

성공의 경험으로 '메이드 인 엔비디아'조차도 과감히 카니발라이즈하는 모습은 실리콘밸리의 새로운 기업의 모델을 보여준다. 적당함에 타협하지 않는 완벽주의와 이를 뛰어넘는 끊임없는 도전 의지로 '시장을 지배하는 자Share taker'를 넘어 '시장 창조자Market maker'의 정체성을 유지하는 한 엔비디아는 꾸준히 자가발전하며 실리콘밸리를 넘어선 미래형 기업의 단서이자 증거가 될 수 있다.

# 걷지 말고
# 뛰어라.

# 평범함을 위대함으로 바꾼
# 엔비디아의 원칙

"엔비디아의 조직 문화에 관한 책을 쓰고 있습니다."

이 같은 말이 대화 주제로 오가면 상대에게서 으레 나오는 반응은 열에 아홉이 같다.

"그래서 지금 '엔비디아 주식'을 사도 되나요?"

이 질문은 대화의 시점을 가리지 않는다. 올해 상반기 엔비디아 주가가 고공행진을 할 때도, AI 거품론이 불거지고 블랙웰의 출하가 지연되면서 주가가 고꾸라져 박스권에서 횡보할 때도, 다시 한번 전 고점을 치고 올라가 시가총액 1위를 넘보고 있는 지금 이 시점에도 똑같다.

출판사와 이 책의 집필을 위한 출간 계약서를 쓰던 시기, 엔비디아의 미래는 장밋빛이었다. 생성형 AI 열풍에 모두가 우왕좌왕할 때 유일하게 경쟁자 없이 AI 가속기를 비롯한 컴퓨팅 인프라를 공급하던 기업으로 꼽혔다. 특히 2024년 3월 GTC 2024에서 엔비디아가 보여준 차세대 아키텍처 블랙웰의 청사진은 테크 업계 사람들의 입을 떡 벌어지게 만들었다.

엔비디아의 비전을 많은 사람들에게 가슴으로 납득시킨 것은 검은 가죽 재킷 차림으로 일체의 리허설 없이 1만 1,000여 명의 관중을 쥐락펴락하며 열정적으로 연설하던 젠슨 황이라는 존재였다.

지난 6월 무사히 10 대 1 액면분할을 마치고 주가가 상승하던 엔비디아에 악재가 터졌다. 올해 3분기 출하를 예정했던 블랙웰 아키텍처가 디자인 결함으로 일정이 지연된 것이다. 여기에 AI가 충분히 돈을 벌어주지 못해 기업들이 데이터센터 등 컴퓨팅 인프라에 대한 투자를 줄일 수 있다는 예측이 나오면서 'AI 거품론'이 확대됐다. 그로 인해 엔비디아는 지난 2분기에 역대급 실적을 내고도 시장의 혹독한 비판에 직면해야 했다. 특히 2분기 실적 발표 후에 이루어진 블룸버그TV의 젠슨 황 인터뷰가 진행되는 중에, 화면 아래로 7퍼센트대 하락을 보이는 주가의 실시간 변동 폭이 매초 업데이트됐다. 엔비디아 입장에서는 그야말로 잔인한 장면이었을 것이다. 그뿐만이 아니었다. 미디어들도 가세해 TSMC와의 오랜 동맹이 깨질 조짐이 보인다면서 불화에 관한 소식을 연일 헤드라인으로 내보냈다.

이 기간 젠슨 황은 그런 일에 동요 없이 담담하게 같은 메시지를 전했다.

"블랙웰의 수요는 미친 수준으로 높습니다. 내년이 되면 무사히 출하가 진행되고, 수요를 최대한 따라잡을 수 있도록 할 것입니다."

힘든 상황에서도 좀처럼 평정심을 잃지 않는 젠슨 황도 단 한 번 목소리를 높이며 감정을 드러낸 적이 있다. 지난 10월 알티미터캐피털Altimeter Capital의 창립자인 브래드 거스트너Brad Gerstner와 진행한 대담에서였다. 젠슨 황은 블랙웰의 출시 지연으로 받게 된 온갖 질타는 엔비디아가 감수해야 할 '감정적인 비용'이라는 점을 수용하면서도 "(완벽하지 않더라도) 미리 1년씩 앞서 청사진을 발표하는 것은 우리가 투명성을 중요시하기 때문입니다. 어떤 경쟁사도 그렇게 하지 않습니다"라고 강경하게 말했다. 핵심적인 원칙까지 타협할 생각은 없다는 점을 분명히 드러낸 것이다.

이 글의 에필로그를 쓰는 2024년 10월, 엔비디아의 상황은 극적으로 반전됐다. 젠슨 황은 TSMC의 협조로 블랙웰의 디자인 결함을 모두 바로잡았고, 두 회사의 관계는 굳건하다는 것을 확인했다. 이후 엔비디아 주가는 다시 전고점을 넘어 140달러를 오르내리고 있고, 시가총액 1위인 애플을 바짝 추격하고 있다. 월가는 "엔비디아의 '비스트(야수) 모드'가 시작됐다"고 평하며 일제히 목표 주가를 상향했다.

사실 엔비디아 투자서를 쓴다면 롤러코스터 같은 주가의 움직임에 일희일비하며 불안증이 커질 수밖에 없었던 시간이었겠지만, 엔비디아는 결국 자신만의 행보로 우상향의 그래프를 그려냈다. 주가는 현상일 뿐, 조직 문화에 내재된 장기적인 경쟁력의 지표가 될 수 없다는 점을 다시 한번 새기며 좀 더 지속 가능한 콘텐츠를 만들고 있다는 생각에 뿌듯했다. 또 조직 문화를 다루고 있는 저자로서는 이 시기의 엔비디아를 관찰하는 것 자체가 기회이기도 했다. 두 차례의 파산 위기와 직원들의 월급 삭감 등과 같은 엔비디아의 과거 위기의 경우 직원들의 인터뷰와 자료로만 접할 수 있을 뿐이었다. 하지만 최근에 본사 소속 직원들과의 인터뷰를 통해 내부 여론의 풍향을 확인하고 젠슨 황의 담담하지만 방어적이지 않은 대처 등을 보면서, 엔비디아의 조직 문화를 다시 한번 배우고 느낄 수 있는 기회가 됐다.

두 번째로 많이 받은 질문. "우리 회사가 배울 수 있는 점은 무엇입니까?" 젠슨 황이라는 아시아계 이민자 리더가 가진 리더십 스타일과 상대적으로 높은 고용 안정성, 구글이나 애플과 다른 대기만성형 기업이라는 점이 태생부터 다른 실리콘밸리 기업들보다는 적용할 수 있는 부분이 많을 것이라는 막연한 느낌이 작용한 것으로 보인다.

최근 우리나라의 대표 글로벌 기업인 삼성전자가 반도체 부문의 실적 부진으로 인해 전례 없는 위기를 겪으면서 삼성의 전현직 직원들뿐만 아니라 업계 전문가라고 하는 이들까지 나서 경쟁력 부족의 큰 이유로 삼성전자의 문화를 문제 삼기 시작했다. 이에 관한 가장 극단적인 사례를 꼽자면, 누구나 쉽게 이해할 수 있도록 보고서를 쓰는 과정에서 발생하는 역효과를 들 수 있다. 간단히 말해서 '일체의 질문이 나오지 않는 것이 좋은 보고서'라는 인식이 조직 문화에 깔려 있다는 뜻이다. 이 기저에 질문과 반응은 대체로 부정적인 피드백(즉, 지적과 비난)이었다는 것이 그간 수없이 많은 데이터로 학습한 결과였을 것이라는 점을 짐작케 한다. 이는 단순히 보고서 문제가 아니라 우리나라 기업이 직면한 '소통의 실패'를 보여준다.

소통의 측면에서도 엔비디아는 새로운 실마리를 보여준다. 젠슨 황은 무려 60여 명의 임원으로부터 직접 보고받는 파격적인 행보를 보이지만, 이를 완성하는 진짜 파격은 일대일 보고가 없다는 사실이다. 일대일 보고가 생겨나면 보고자와 보고를 받는 자 사이에 둘만 아는 정보가 생기고, 이는 또 하나의 위계를 만드는 것과 동시에 보고자가 정보를 통해 권력을 행사하는 구실이 될 수 있다는 염려 때문이다. 무엇보다 CEO에게 하는 보고에는 보고자의 여러 고려가 담기다 보니 변형될 수밖에 없다고 봤다. 이렇게 데이터가 오염된다면 보고자의 의도와 상관없이 '유해한 일'이라는 것이 젠슨 황의 지론이다. 이같은 데이터의 오염을 막기 위해 직원들이 우선시하는 '우선순위5'를 실시간으로 CEO에게 직접 보내게 한다. 또한 다함께 모인 상황에서 회의를 통해 정보를 날 것으로 접하는 것과 같이 질 좋은 빅데이터를 수집하기 위해 CEO가 꾸준히 노력하는 곳이 엔비디아다.

따라서 단순히 많은 사람들에게 보고받고 세세한 세부 사항까지 안다는 이유로 엔비디아처럼 마이크로 매니지먼트를 채택해야겠다는 결론으로 가는 것은 위험하다. 젠슨 황이 직원들에게 가장 많이 하는 말은 이렇다.

"당신들은 어른입니다. 무엇이든 해결할 수 있습니다."

엔비디아에서는 직원들을 어른으로 대우하는 문화가 깃들어 있다. 인턴이든 임원이든 직급과 연차에 관계없이 이 회사에서 근로계약서를 쓰고 일하는 사람이라면 무엇이든지 자기 역량에 맞게 일하고 있다는 가정에서다.

이 때문에 직원들 개개인이 협업할 때도 직급과 연차에 상관없이 각 분야의 조종사PIC, 즉 주 책임자로서 일당백 역할을 하며 CEO를 대신해 매 순간 선택과 의사결정을 하면서 조직의 실행 속도를 높이고 앞으로 나아가는 것이다.

이것만으로는 충분치 않다. CEO 수준의 의사결정을 하는 개인들이 실패했을 때 이를 비난하지 않는 문화 또한 뒷받침되어야 한다. 여기에서 '지적 정직함'의 가치가 제 역할을 한다. 실패한 이유에 대해서는 충분히 파고들고 구성원 사이에 폭넓게 공유하지만, 이에 대해 잘잘못을 지적하거나 인사 평가의 근거로 남기기 위한 용도로 쓰지 않는다. 오로지 다음 제품을 만들 때 이전의 실패를 반복하지 않고 더 나아지기 위한 과정으로 삼는다.

우리나라의 일반적인 기업에서 건강하고 강력한 기업 문화를 위해 가장 먼저 나서야 할 부분이라면 인적 요소를 가다듬어 투명한 소통과 신뢰의 문화를 만드는 것이다. 이 부분이 완성되면 시스템적인 요소는 따라올 수 있다. 무엇보다 '메이드 인 엔비디아'가 이전 버전의 자신조차 넘어서기 위해 뼈를 깎는 방식으로 '카니발라이즈(자기 잠식)'하는 자세를 배울 필요가 있다. 우리 기업들에게 뿌리박힌 눈치 문화와 그로 야기되는 신뢰도 부족과 실행 속도 저하 등 만성적인 조직 문제를 모두 털어낸다는 각오로 실행에 옮기는 것이 변화의 출발점이 될 수 있을 것이다.

2024년 10월 마지막 날 우이동에서

# 감사의 글

실리콘밸리의 허슬 정신은 말은 그럴듯했으나, 취재를 위해 무작정 들이대다가 거절당하거나 인터뷰에 실패하고 하루를 마치고 돌아오는 길이면 마치 패잔병 같았다. 서툰 운전까지 더해져 밤길에 잔뜩 긴장한 채 어깨를 세우고 101 고속도로를 따라오던 나는 샌토마스 고속도로에 접어들어 시야 끝에 식물들이 들어찬 투명 온실이 눈에 들어와야 마음이 누그러지면서 심장 박동이 평소의 속도로 돌아왔다. 가장 어두웠던 시기부터 이만하면 실리콘밸리에 받아들여진 것 같다고 느낄 때까지, 엔비디아의 보이저 사옥은 내게 실리콘밸리의 등대 같은 곳이었다.

이 책의 첫 영감은 엔비디아의 해피아워에 초대받아 만났던 엔비디아의 자율주행 부문 엔지니어들과의 만남에서 시작됐다. 이 회사에서 은퇴하고 싶다는 그들의 솔직한 말이 신선한 충격을 남긴 동시에 오래도록 여운이 남았다. 그렇지만 이후 책을 쓰겠다고 결심하고, 엔비디아 본사 직원들을 인터뷰하는 일은 생각만큼 쉽지 않았다. 한국과 실리콘밸리 사이에는 시차가 있었고, 또한 줌은 시간적·물리적 장벽을 해소해줬지만 여전히 인터뷰이와 대면으로 마주해 심리적 간격을 좁히는 것만큼 쉽지는 않았다.

무작정 글을 보고 링크드인을 통해 연락했음에도 흔쾌히 인터뷰에 동의해준 사람들, 지인을 통해 인터뷰했다가 이후에 다른 사람들을 소개해주거나 또 다른 포문을 열어준 사람들이 있었기에 다른 책에는 없는 '생생한' 목소리들이 담길 수 있었다. 무엇보다도 이들은 저마다의 이유로 엔비디아를 사랑했고, 엔비디아의 조직 문화가 다루어져야 한다면 최대한 정확하게 나갔으면 좋겠다는 이유로 인터뷰에 참여했다는 점이 나를 감동하게 했다.

책을 쓰는 데는 출판사 한빛비즈의 박의성 편집자와 이수동 편집자께 큰 도움을 받았다. 실리콘밸리에서 선의로 누군가를 소개하기 위해 이어진 인연이 한국에서 또 새롭게 이어졌다. 아직도 처음 미팅에서 "마지막 회사, 엔비디아"라는 문장이 나왔을 때, 두 분이 반짝이는 눈빛을 보였던 그 순간의 전율을 잊지 못한다. 그 순간을 시작으로 여기까지 왔다는 게 이상한 감동을 느끼게 한다.

책을 쓰는 데 아무것도 몰랐던 내게 여러 조언을 해준 동료인 승주 언니를 비롯해, 나의 첫 독자가 돼주고 책을 꼼꼼히 읽고 조언을 아끼지 않은 최고의 마케터 은수와 실리콘밸리 조직 문화 전문가인 피어나 언니, 최고의 교수이자 스승일 현준, 최고의 기업을 만들고 있는 창업자 명수, 항상 함께 뇌를 동기화하는 작가인 지은에게도 감사의 마음을 전한다.

한때 막연한 동경의 대상이던 실리콘밸리를 직접 경험하게 된 것은, 과감히 첫 실리콘밸리 특파원으로 뽑아주고 믿어준 회사의 결정이 있었기에 가능했다. 무엇보다 함께 길을 닦고 응원해준 회사 선후배들께 큰 감사를 표하고 싶다.

실리콘밸리에서 처음부터 인프라를 닦아 나가면서 일한 사람의 적응에는 수많은 사람들의 환대와 도움이 필요하다는 것을 체감했다. 어느 것 하나 나 혼자 이룬 게 없다. 많은 것들을 배웠지만 먼저 손을 내밀 것, 누구를 도울 때는 내 만족이 아니라 상대방의 입장에서 필요한 도움을 줄 것을 배웠다. 이 경험을 통해 관계들이 보다 넓어질 수 있었다. 그런 까닭에 많은 것을 함께 경험한 지원에게 고마움을 언급하고 싶다.

실리콘밸리행은 여러 가족들의 도움 없이는 불가능했다. 처음 실리콘밸리 특파원이 됐다는 소식에 앞날에 대한 걱정 없이 무조건 축하한다는 말을 꺼내 준 남편 영준에 대한 고마움은 오래갈 것 같다. 실리콘밸리에 있는 배우자를 뒷바라지하느라 한국에서 애 많이 썼는데, 이번에는 책을 쓰느라 남편이 또 주말에 많은 시간 홀로 육아를 즐겨줬다. 엄마와 많은 시간을 떨어져 있었음에도 씩씩하고 밝게 자라주고 새로운 영감을 주는 아이 찬율과 물심양면 도와주시는 시부모님의 존재도 큰 고마움이다.

내가 어떤 모습을 하고 있든 나를 응원해주고, 매니저 역할을 자처하느라 미국까지 날아와 씩씩하게 생활했던 엄마 현정 씨, 든든한 지원군이 돼준 동생 서린과 연준에게 이 기회를 빌려 고마움을 전한다.

마지막으로, 내가 최초로 경험한 창업자이자 남다른 비전과 추진력으로 창업자의 삶을 존경과 애틋함을 담아 보게 해준 돌아가신 아빠 정연화 씨께 이 책을 바치고 싶다.

# 참고문헌

## 1장 왜 엔비디아인가_Why NVIDIA

1. https://magnumdrywall.com/project/nvidia-voyager/
2. 2023년 11월, 세쿼이아캐피털Sequoia Capital의 팟캐스트 '크루서블 모 먼츠Crucible Moments' 인터뷰 중에서 발췌.
3. 2024년 4월, 스탠퍼드 비즈니스스쿨에서 진행된 대담 중에서 발췌.
4. 스탠퍼드 경영대학원 홈페이지, https://www.gsb.stanford.edu/ insights/jensen-huang-how-use-first-principles-thinking-drive-decisions
5. https://www.nvidia.com/en-in/about-nvidia/culture-at-nvidia/
6. 2023년 10월, 팟캐스트 '어콰이어드Acquired' 인터뷰 중에서 발췌.
7. 2024년 9월, 엔비디아 현직 직원 인터뷰 중에서 발췌.
8. 2024년 7월, 엔비디아 현직 직원 인터뷰 중에서 발췌.
9. 2023년 10월, 팟캐스트 '어콰이어드' 인터뷰 중에서 발췌.

## 2장 지적 정직함_NVIDIA's Keyword

1. 2024년 6월, 엔비디아 현직 직원 화상 인터뷰 중에서 발췌.

2. 2024년 7월, 엔비디아 현직 직원 대면 인터뷰 중에서 발췌.

3. 2024년 6월, 엔비디아 현직 직원 화상 인터뷰 중에서 발췌.

4. 2024년 9월, 엔비디아 현직 직원 대면 인터뷰 중에서 발췌.

5. 2009년 4월, 스탠퍼드대학교 기술 벤처 프로그램 강연 중에서 발췌.

6. https://youtu.be/H-BUvTomA7M?si=gc2RF-MC8y-Nw1BE

7. 2024년 7월, 엔비디아 현직 직원 대면 인터뷰 중에서 발췌.

8. 2003년 1월, 스탠퍼드대학교 강연 중에서 발췌.

9. 2009년 4월, 스탠퍼드대학교 기술 벤처 프로그램 강연 중에서 발췌.

10. https://news.ycombinator.com/item?id=37486882

11. 2023년 5월, 국립대만대학교 졸업식 연설 중에서 발췌.

12. 2023년 11월, 세쿼이아캐피털의 팟캐스트 '크루서블 모먼츠' 인터뷰 중에서 발췌.

13. 2009년 4월, 스탠퍼드대학교 기술 벤처 프로그램 강연 중에서 발췌.

14. 2024년 3월, SIEPRStanford Institute for Economic Policy Research 이코노믹 서밋 중에서 발췌. https://www.youtube.com/watch?v=cEg8cOx7UZk

## 3장 기술 중심의 리더십_Huang's Leadership

1. He even identified himself, back in a Reddit AMA in 2016, as "the guy in the leather jacket."(그는 심지어 2016년 소셜 미디어 플랫폼 레딧의 '무엇이든 물어보세요AMA'에서 자신을 "가죽 재킷의 사나이"로 특징짓기도 했다.)

2. https://stockanalysis.com/stocks/nvda/employees/

3. 《일론 머스크Elon Musk》, '83장 선봉장들', p. 620, 월터 아이작슨Walter Isaacson, 안진환 옮김, 21세기북스, 2023년 9월

4. 2023년 11월, 하버드비즈니스리뷰Harvard Business Review, HBR의 팟캐

스트, '리더십' 인터뷰 중에서 발췌.

5. https://www.nytimes.com/2023/11/29/business/dealbook/
   nvidia-ai-dealbook-chips.html

6. https://www.newyorker.com/magazine/2023/12/04/how-
   jensen-huangs-nvidia-is-powering-the-ai-revolution

7. https://hbr.org/podcast/2023/11/nvidias-ceo-what-it-takes-
   to-run-an-a-i-led-company-now

8. 2024년 5월, 엔비디아 현직 직원 화상 인터뷰 중에서 발췌.

9. 2024년 6월, 엔비디아 현직 직원 화상 인터뷰 중에서 발췌.

10. 2024년 9월, 엔비디아 현직 직원 대면 인터뷰 중에서 발췌.

11. 2024년 9월, 엔비디아 현직 직원 대면 인터뷰 중에서 발췌.

12. 2024년 9월, 엔비디아 현직 직원 대면 인터뷰 중에서 발췌.

13. 2024년 9월, 엔비디아 현직 직원 대면 인터뷰 중에서 발췌.

14. https://images.nvidia.com/aem-dam/Solutions/documents/
    FY2024-NVIDIA-Corporate-Sustainability-Report.pdf

15. 샨타누 나라옌 어도비 CEO, 2017년 〈포춘〉 인터뷰 중에서 발췌.

16. www.gsb.stanford.edu/insights/jensen-huang-how-use-
    first-principles-thinking-drive-decisions

17. 2024년 8월, 블룸버그TV 인터뷰 중에서 발췌.

18. 2009년 4월, 스탠퍼드대학교 기술 벤처 프로그램 강연 중에서 발췌.

## 4장 황의 법칙_Huang's Law

1. https://nvidianews.nvidia.com/news/nvidia-blackwell-
   platform-arrives-to-power-a-new-era-of-computing

2. 2024년 8월, 엔비디아 현직 직원 화상 인터뷰 중에서 발췌.

3. 2009년 4월, 스탠퍼드대학교 기술 벤처 프로그램 강연 중에서 발췌.

4. 2009년 4월, 스탠퍼드대학교 기술 벤처 프로그램 강연 중에서 발췌.

5. 2024년 6월, 대만 타이베이에서 열린 '컴퓨텍스 2024' 기조연설 중에

서 발췌.

6. 2009년 4월, 스탠퍼드대학교 기술 벤처 프로그램 강연 중에서 발췌.

7. 2024년 5월, 엔비디아 현직 직원 화상 인터뷰 중에서 발췌.

8. 2024년 9월, 엔비디아 현직 직원 대면 인터뷰 중에서 발췌.

9. 2024년 6월, 엔비디아 현직 직원 화상 인터뷰 중에서 발췌.

10. 2023년 10월, 팟캐스트 '어콰이어드' 인터뷰 중에서 발췌.

11. 2024년 7월, 엔비디아 고객사 직원 인터뷰 중에서 발췌.

12. 2024년 9월, 골드만삭스 커뮤나코피아 플러스 테크놀로지 컨퍼런스 에서 데이비드 솔로몬 골드만삭스 CEO와의 대담 중에서 발췌.

13. 2024년 9월, 골드만삭스 커뮤나코피아 플러스 테크놀로지 컨퍼런스 에서 데이비드 솔로몬 골드만삭스 CEO와의 대담 중에서 발췌.

14. https://images.nvidia.com/pdf/NVIDIA-Story.pdf

15. https://paulgraham.com/foundermode.html?ref=damienpaeng. com


## 5장 뉴 카테고리를 창출하라_NVIDIA's Core

1. https://fortune.com/2016/08/15/elon-musk-artificial- intelligence-openai-nvidia-supercomputer/

2. https://insidehpc.com/2016/08/dgx-1-donation-openai/

3. https://x.com/elonmusk/status/763096729134575617

4. https://www.macrotrends.net/stocks/charts/NVDA/nvidia/ revenue

5. https://nvidianews.nvidia.com/news/nvidia-to-wind-down- icera-modem-operations

6. 2024년 4월, 스탠퍼드대학교 경영대학원의 '뷰 프롬 더 톱View From The Top' 대담 중에서 발췌.

7. 2023년 6월, 스웨덴 스톡홀름에서 진행된 '사나 AI 서밋Sana AI Sum-

mit 2023'에서 조엘 헬러마크Joel Hellermark와의 대담 중에서 발췌.
https://www.youtube.com/watch?v=h5xY_kRKHxE

8. 2023년 10월, 컬럼비아대학교 비즈니스스쿨의 코스티스 마글라라스Costis Maglaras 학장과의 대담 중에서 발췌.

9. 2024년 4월, 스탠퍼드대학교 경영대학원의 '뷰 프롬 더 톱' 대담 중에서 발췌.

10. 2024년 6월, 캘리포니아 공과대학교Caltech 졸업 연설 중에서 발췌.

11. 2023년 11월, 세쿼이아캐피털의 팟캐스트 '크루서블 모먼츠' 인터뷰 중에서 발췌. https://www.sequoiacap.com/podcast/crucible-moments-nvidia/

12. 2023년 10월, 컬럼비아대학교 비즈니스스쿨의 코스티스 마글라라스 학장과의 대담 중에서 발췌.

13. 2023년 11월, 〈더뉴요커The New Yorker〉 특집 기사 'How Jensen Huang's NVIDIA Is Powering the A.I. Revolution' 중에서 발췌.

14. 2024년 1월, 'JP모건 헬스케어 컨퍼런스J.P. Morgan Healthcare Conference' 중에서 발췌.

15. 2009년 4월, 스탠퍼드대학교 기술 벤처 프로그램 강연 중에서 발췌.

16. 2023년 11월, 〈더뉴요커〉 특집 기사 'How Jensen Huang's NVIDIA Is Powering the A.I. Revolution' 중에서 발췌.

17. 2024년 3월, 스탠퍼드대학교 MBA 학생들을 대상으로 한 대담 중에서 발췌.


## 6장 메이드 인 엔비디아_NVIDIA Revolution

1. 2009년 4월, 스탠퍼드대학교 기술 벤처 프로그램 강연 중에서 발췌.

2. https://www.apple.com/newsroom/2001/10/23Apple-Presents-iPod/

3. https://www.cnbc.com/2024/06/02/nvidia-dominates-the-

ai-chip-market-but-theres-rising-competition-.html

4. 2024년 3월, GTC 2024 키노트 연설 중에서 발췌.

5. 2024년 3월, GTC 2024 키노트 연설 중에서 발췌.

6. 2018년 3월, GTC 2018 키노트 연설 중에서 발췌.

7. https://www.wsj.com/articles/huangs-law-is-the-new-moores-law-and-explains-why-nvidia-wants-arm-11600488001

8. https://blogs.nvidia.com/blog/huangs-law-dally-hot-chips/

9. 2024년 2월, IT 전문지 〈와이어드Wired〉와의 인터뷰 중에서 발췌.

10. 2024년 2분기 실적 발표 후 투자자와의 컨퍼런스 콜 중에서 발췌.

11. https://www.amd.com/en/newsroom/press-releases/2024-8-19-amd-to-significantly-expand-data-center-ai-systems.html